보육교사론

보육교사론

윤혜경 저

THEORY OF EARLY CHILDHOOD TEACHER

동문사

머리말

보육교사는 어떤 사람이어야 하는가?

보육에 입문하고자 하는 사람은 어떤 각오와 준비로 보육의 첫 걸음을 내디뎌야 하는가?

보육은 육아와는 다르다. 보육교사는 부모와 같은 시선으로 아동을 대하면서도 계획적으로 목표를 설정하고 건전한 발달을 조장하는 환경이나 활동을 준비하는 사람이다. 보육은 '목적을 가진 의도적인 행위'이기 때문이다. 인간성이 좋은 교사도 중요하지만 전문가로서 실력을 쌓아 실천에 적용하는 능력 또한 중요하다.

보육교사가 되기 위해 필요한 자격에 대해 이 책에서 알아보지만, 면허증이나 자격은 어디까지나 보육교사가 되기 위해 필요한 최저 조건에 지나지 않는다. 당연한 것이지만 면허나 자격을 취득하는 것만으로 저절로 누구라도 좋은 보육교사가 되는 것이 아니다.

보육을 단순한 돌봄으로 보는 견해에 맞서 훈련과 성찰을 필요로 하는 고도의 인간 형성의 작용이라고 하기 위해서는 교육과 연구의 과정이 필요하다.

보육교사가 되기 위해 대학이나 교육기관에서 어떠한 내용을 배우고, 준비해야 하는가를 이 책에서 살펴보고자 한다.

이 책에서는 보육교사를 '아동과 함께 살아가려고 다짐하고 아동과 함께 성장하는 사람'이라고 포괄적으로 정의한다. 그리고 이러한 포괄적 의미의 보육교사를 중심으로 하되 아동과 관련된 일을 하는 다양한 사람들을 폭넓게 다루고자 한다. 보육교사는 아마도 강하고 자립적이고, 그러면서도 동시에 협력적이고 다른 사람과의 소통능력도 필요한 직업일 것이다. 결국은 혼자서 할 수 없는 일이라는 것이다. 보육교사간의 협력과 다른 직종과의 협동이 중요한 이유이기도 하다. 이러한 보육교사의 지원과 협력에 대해서도 다루게 될 것이다.

아동기를 보내면서 꼭 경험해야 하는 시간들이 있다. 그 시기를 지나치면 다시는 기다려주지 않는, 소중한 경험이다. 이런 시간들은 이후의 아동의 성장을 깊고 넓게 하는 것이기 때문에 지켜주고 갈고 닦을 수 있는 환경을 보장해 주어야 한다. 교사는 아동으로 하여금 지금을 즐기고 아동으로서의 시간을 충분하게 살아가도록 아동과 함께 생활하면서, 아동의 웃는 얼굴을 지켜주어야 한다. 그리하여 아동의 뿌리에 깊고 강한 영향을 주는 중요한 타자로서 상호작용하는 존재가 되어야 한다. 이러한 사실에 강한 책임과 자부심을 갖고 기쁨을 가지면서 보육에 임하기를 바란다.

보육에 대하여 배우기 시작한 순간부터 보육 전문가로서의 일보를 내디뎠다고 말할 수 있다. 그러나 어느 직업에 종사하고 있거나 혹은 그 직업으로 진입하려고 하는 사람은 그 사람 자신으로서의 개인적 삶도 동시에 살아가고 있다. 영유아교사는 지식으로 가르치는 사람이 아니라 몸에 밴 가치관과 태도를 통해 교육하는 사람이다. 또한 교사는 아동과 함께 끊임없이 성장하는 사람이어야 한다. 따라서 자신만의 삶의 철학을 다지면서 자기 연마를 통해 한 사람의 인간으로서 성장하는 기본 자세와 마음가짐을 다져보기 바란다.

저자는 오랫동안 영유아 교사교육에 종사한 사람으로써 그동안의 생각과 사례를 모아서 예비교사들에게 이야기하듯이 편안하게 구성하여 책을 완성하였다. 각 장마다 들어있는 활동하기는 교사로서의 자세와 다짐을 쌓아가는 훈련이 되기를 바라는 마음으로 다양한 자료들을 참고하여 구성하였다.

부디 영유아교사의 길을 가고자 선택한 우리 청년들이나 예비교사들이 사회적으로 관심과 지지와 애정을 받으면서, 자부심과 희망을 갖고 교사의 길로 들어서기를 바란다. 우리 모두가 같은 마음으로 이 길을 응원하고, 가르치고, 함께 지원해야 할 것이다. 그것이 우리의 다음 세대인 아동을 아끼고 올바로 키우는 길이 될 것이기 때문이다.

2021년 7월

저자 윤혜경

차 례

PART 02 보육교사 직무 이해하기

PART 03 보육교사의 커리어 성장

PART 01

보육교사 직업 이해하기

Chapter 01

보육과 보육교사

1. 아동의 생활과 보육
2. 보육을 배우고자 하는 사람의 '지금 현재'

보육이란 무엇인가? 보육교사는 어떤 사람이어야 하는가? 보육에 입문하고자 하는 사람은 어떤 각오와 준비로 보육의 첫걸음을 내디뎌야 하는가?

모든 사람은 사회적 역할이나 직업만으로 살아가는 것은 아니다. 어느 직업에 종사하고 있거나 혹은 그 직업으로 진입하려고 하는 사람은 그 사람 자신으로서의 개인적 삶도 동시에 살아가고 있다.

본격적인 보육교사론으로 들어가기 전에 이 장에서는 아동과 함께 생활하는 것을 직업으로 삼고자 할 때, 보육교사의 삶과 개인적 삶이 어떻게 연결되고 중첩될 수 있는지를 알아보는 것에 초점을 맞추고자 한다.

1 아동의 생활과 보육

1) 아동을 떠올릴 때 어떤 모습이 먼저 그려지는가?

우선 어린 아동을 머릿속으로 떠올려 보자. 이 아이들은 장차 우리가 함께 하게 될 연령의 아이들일 것이다. 대개 어린 아동을 떠올리는 풍경이라면 다음과 같은 모습이 그려질 것이다. 부모의 손을 잡고 공원을 산책하고 있는 아동의 모습, 부모와 즐겁게 마트를 돌아다니고 있는 모습, 공원의 놀이터에서 부모가 지켜보고 있는 가운데 모래놀이에 몰두하고 있는 모습, 미끄럼틀에서 몇 번이고 오르고 미끄러지기를 반복하고 있는 모습 등이 아동의 이미지로 생각날지 모른다.

아동의 생활은 아동이 살아가는 시대의 영향을 받는다. 그리고 겉으로 드러나는 모습은 조금씩 달라도 아동의 옆에는 항상 웃거나 혹은 화내거나, 또는 아동을 기다리면서 지켜보고 있는 성인이 있다. 아동의 생활은 아동이 생활하는 구체적인 장소와 시간 속에서, 그리고 아동이 태어나서 함께 하는 사람들의 생활 가운데서 이루어진다.

아동은 발달 특성상 어느 정도의 보호가 요구되는 존재다. 아동의 주변에서 아동을 돌보는 성인은 모두 아동의 성장에 의미 있게 개입하고, 개입에 더하여 책임을 지는 존재이기도 하다. 왜냐하면 아동은 보호받지 않고는 생활할 수 없기 때문이고, 보호받을 욕구는 아동이 존재할 수 있게 하는 근본적 조건이기 때문이다.

2) 소통을 원하는 상호적 존재로서의 아동

한편 아동은 키워지고 보호받기만 하는 존재가 아니라 성인의 일상에 깊게 침투하여 그 생활을 풍부하게 하는 존재이기도 하다. 또한 성인도 아동의 모습을 통해 배울 수 있다는 생각으로 아동을 바라본다면 아동과 성인은 서로가 서로를 키우고 커가는 관계인 것을 알 수 있다. 이와 같은 관계는 오랜 시간 동안 성인과 아동의 일상생활 속에 존재했다.

이러한 성인과 아동의 상호적 영향 관계를 받아들이기 위해서는 서로의 주체성을 있는 그대로 인정하고 타자와 소통하려는 실존적 겸손과 윤리적 실천이 필요하다. 이는 상대를 자신과 동일시하려는 소유나 갈등이 아니라, 타자에 대한 배려와 상호존중에 근거한 인격적 만남을 의미한다. 또한 타자를 인격적 존재로 받아들이고 나와 유사한 경험을 지니는 또 하나의 독립적인 주체로 인정하고 존중과 겸손으로 대해야 한다는 윤리적 함의를 가진다.

3) 아동관의 변천과 오늘날의 아동관

인류는 기나긴 시간을 통해 다양한 경험을 축적하는 과정에서 '인간은 주체적이고 존엄한 존재'라는 철학을 인류공통의 이념으로 가지기에 이르렀다. 근대화를 거치면서 인간은 모두가 동등한 존재로 존중받는 사회를 만들어왔다. 아동에 대한 관점과 인식도 이러한 인간에 대한 인식의 변화와 함께 많이 달라졌다. 오늘날 우리가 생각하는 독립적이면서 성인과 동등한 인격을 가진 존재로서의 아동을 인식하기까지는 많은 역사적 변천을 거쳐왔다.

동시에 아동은 동등한 인격체이면서도 미성숙이라는 발달상의 특성을 가진 존재로, 존중받으면서도 보호받아야 하는 독특한 지위를 부여받는 존재가 되었다. 특히 20세기 UN의 '아동 권리 선언'(1989) 이후 보다 더 분명한 인권의 소유자로 인식하게 되었다.

4) 인류의 역사와 양육

양육의 역사는 인류의 역사와 함께 존재했다. 그러나 오랫동안 성인은 아동의 세계에 대해 혹은 아동을 보호한다는 것에 대해 특별한 의식을 갖지 못하였고, 일상 속에 매몰된 형태로 양육이 이루어졌다.

오랜 역사 동안 사람들의 일생은 어느 정도 예측 가능한 형태로 운영되었다. 따라서 생활에서 필요한 양육의 기술은 그 생활 속에서 배우고 익히는 것이 자연스러웠고, 특별히 아동을 위해 무언가를 따로 할 필요를 느끼지 못했고, 그런 생활이 대부분의 사람들의 삶이었을 것이다. 그러나 산업화 이후로 고도의 경제 성장기를 거치면서 세상의 변화는 가속화되고 그 생활의 형태나, 생활을 지탱하는 가치관뿐 아니라 아동관도 변화하였다. 현재는 과거에 비해 앞날이 불투명한 사회를 살아가고 있다. 따라서 우리는 모두 변화에 적응하는 힘을 요구하는 사회를 살아가고 있다.

5) 누구나 할 수 있는 보육?

양육은 상당 기간 사적인 공간 속에서 일상적인 모습을 띠면서 이루어졌다. 그런 양육을 '보육'이라는 형태로 일반화하게 된 것은 산업화 이후의 비교적 최근의 일이다.

'보육'이 일반화되면서 전문직으로서의 보육교사를 인식하게 되었다. 그러나 '아동이 생활하는 현장인 보육실천의 장은 여전히 상식적인 세계의 모습일 뿐'이라는 사고가 팽배하였다. '아동의 보육 방식은 많은 성인이 성실성만 있다면 쉽게 할 수 있는 일이고, 누구나 할 수 있는 일'이라고 생각되어 그 전문성(아동의 생활을 지원하면서 아동 옆에 존재하는 것의 중요성)에 대해 오랫동안 몰지각한 상태에 머물렀던 것을 지적하지 않을 수 없다.

6) 보육교사의 길

보육을 전문으로 한다는 것은 아동을 주체적 존재로 인식하고 그러한 주체적인 아동과 함께 하겠다는 것을 결의하는 일이다.

아동과 함께 살아가겠다고 각오한 사람은 이 시대에 당연하다고 생각하는 '주체적인 존재로서의 인간'라는 철학을 인류공통의 이념으로 생각한다. 그리고 아동의 주체성을 생활 속에서 묻고 실천하면서, 그 중요성을 밝히려고 노력한다. 그리하여 '아동이 살아가는 장'을 사람들이 살아가는 삶속에 중요하게 자리잡도록 하는 경영에 참가하는 것이다.

보육교사는 항상 아동의 성장 과정을 지지하고, 그 옆에 서서 보육자의 길을 가고 있는 사람이다. 그러나 아동의 옆에 단순히 서 있는 것만이 아니라, 아동들의 길을 안내하는 인생의 안내자로 살아갈 것을 자신의 삶의 방식으로 정한 사람이라고 말할 수 있다.

일반적으로 자격이나 면허를 가지고 아동 곁에 있는 사람을 보육의 전문직이라 부른다. 그렇다고 면허, 자격이 없는 사람들이 아동의 최선의 이익을 생각하는 것에서 소극적인 것은 아니다.

또한 아동의 곁에서 살아가는 것을 각오한 사람은 자격이나 면허를 가지고 있다고 해서 그것으로 끝나지 않는다는 사실을 아는 것도 중요하다. 어쩌면 이것이 아동 이해의 첫걸음일지도 모른다.

2 보육을 배우고자 하는 사람의 '지금 현재'

1) 보육교사가 되려고 하는 사람은 어떤 사람인가?

대학에서 영유아교사가 되고자 전공을 선택한 사람들의 주된 동기는 대개 다음 중 한 가지이다. 어린 시절부터 주위 아이들에게 관심을 가졌다거나, 주위에 자신보다 어린 아이가 많아서 그 모습을 보고 자랐거나, 어린이집이나 유치원에 다닐 때 선생님(보육교사)이 친절하여 보육교사라는 직업이 기억에 남게 되었다고 하는 경우이다. 혹은 중·고교시절 등의 학창시절에 어린이집이나 유치원에서 직업체험이나 봉사활동으로 일해 보면서 아동과 함께 있을 때 즐겁고 행복했다든가, 혹은 신문이나 방송 보도를 보면서 아동을 둘러싼 여러 문제에 특별한 감정의 동요를 느꼈던 경험을 가지고 있던 사람들이다.

그러나 한편 현재 보육을 배우고 있는 사람들은 동시에 자기 자신도 청년기를 살아가고 있는 사람이다. 청년기는 발달상 바깥으로 향하던 흥미나 관심이 반전되어 '자신'의 내면으로 향하는 시기이기도 하다. "나는 누구인가?"라고 하는 정체성에 대한 진지한 질문을 하는 정체성 확립의 시기이기도 하다.

또한 직접·간접적으로 많은 사람들의 보호 속에 살다가 '자기 자신'을 의식하고 '나' 자신으로 살아가고자 처음 의식하는 시기이기도 하다. 인생을 어떻게 살아갈까를 진지하게 모색하는 시기가 청년기라는 것이다.

보육을 공부하고 있는 사람은 지금까지 보호받고 자라던 입장에서 보호하고 키우는 쪽으로 관심과 생활을 옮겨 가고 있는 사람이다. 한마디로 키우고 보호하는 것을 직업으로 선택하고자 하는 사람인 것이다.

2) 내가 '나'로서 살아가는 것과 '보육교사'로 살아가는 것

앞에서 보육교사가 되려고 하는 사람은 청년기라는 인생의 발달 시기를 살아가고 있다고 말하였다. 청년기는 지금까지의 '나'의 조건을 돌아보고 새로운 '나'를 찾아가는 시기이다.

여기에서 한 사람이 한 인간으로 성숙하는 것과, 보육교사의 전문성을 높이는 것과의 관련성을 생각해 보자.

먼저 청년기를 살아가는 '나'에 대해서 생각해 보고자 한다. '나'의 확립은 청년기를 살고 있는 사람이라면 누구라도 찾아야 하는 발달의 중요한 과업이다. 구체적으로 어떤 문화 속에서의 생활(학교에서의 배움을 포함하여)을 통하여 그 문화에서 살아가는 행동양식이나 가치관을 획득하고, 미래의 인생을 어떻게 살아갈까에 대해 생각하고 행동함으로써 성인으로 성숙해 간다.

아래 그림에서 보면 보육교사가 되려고 하는 사람도 그림의 좌측의 개인적인 삶의 영역을 살아가고 있다. 현재 아동을 보호하고 교육하는 경우라면, 이 타원형의 우측인 '키우는 자'로서 전문성의 영역에서 아동과 주로 관계 맺으면서 살아간다. 보육을 전문으로 하지 않는 많은 사람은 대부분 좌측에서 아동과 관계 맺는다.

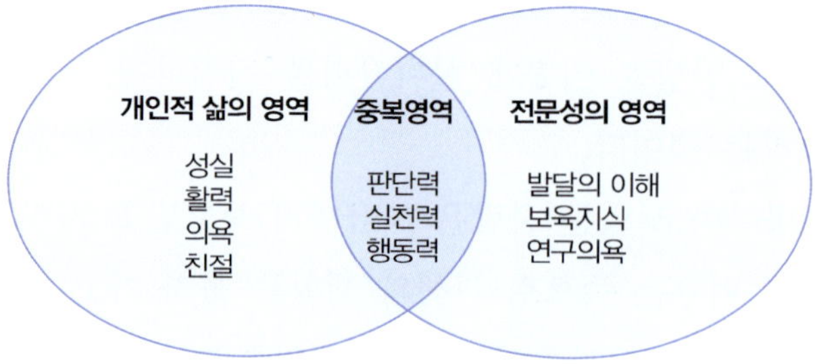

그림 1-1 예비보육교사의 개인적 · 전문적 삶의 영역

보육교사가 되고자 하는 배움의 길에 있는 사람에 대하여 생각해 보자.

그림의 좌측 부분을 토대로 하고 있으나 우측 전문성 영역의 부분을 동시에 살아간다. 보육에 대한 전문적인 지식과 기술에 대해 배운다. 이러한 생활(그림의 좌측)과 배움(그림의 우측) 속에서 실천을 지탱하는 윤리관이나 가치관이 형성된다. 이 좌우가 합쳐진 타원형의 가운데는 좌우가 확실히 구별되기보다는 이쪽 저쪽을 왔다 갔다 하면서 동시에 형성되는 영역이다. 실제 아동과의 관계 속에서는 양쪽 모두가 결합하여 직감적으로 움직인다고 말할 수 있다.

3) 보육교사의 삶

이상에서 청년기와 보육교사가 되고자 하는 사람의 배움을 나누어서 이야기하였지만, 중첩된 두 타원형의 두 영역 모두에서 보육하는 사람의 내실이 더욱 풍부해진다.

보육교사가 되고자 하는 사람과 보육을 전문으로 하지 않는 사람의 아동과의 상호관계는 같아 보일 수 있으나, 전문가는 그림의 좌우의 양쪽 모두에서 아동과 관계하고 있다고 말할 수 있다. '아동의 최선의 이익'이라는 관점에서 상호작용의 근거를 분명하게 하고자 노력한다는 점이 크게 다르다.

보육은 인간성만으로는 성립되지 않는다. 또한 전문성(그림의 우측의 타원형)만으로도 성립하지 않는다. 보육을 전문으로 하는 사람은 좌우의 타원형이 겹쳐진 지점을 기반으로 양쪽을 오가면서 아동과 상호작용하게 되는 것이다. 보육에서 인간성이 중시되는 이유가 여기에 있다. 청년기의 보다 충실한 생활이 결합됨으로써 보육교사의 전문성이 더욱 자라고 커가는 것이다.

읽고 생각해 보기

프레이리의 교사론: 기꺼이 가르치려는 이들에게 보내는 편지

이 책의 제목은 일종의 선언이다.

여기서 나의 의도는 학습자이기도 한 교사의 과업이 즐거운 일인 동시에 엄중한 일임을 입증하는 것이다.

가르치는 일에 양육의 측면이 포함되어 있음을 결코 부정해서도 안 되겠지만 가르치는 일을 단지 즐거운 과정, 특히 부모의 보살핌과 같은 온정주의적 양육의 의미로 환원해서도 안 된다는 것이다.

가르치는 일은 무엇보다도 전문적인 과업이다. 이 전문적 과업은 끊임없는 지적 엄격성을 필요로 할 뿐 아니라 인식론적 호기심, 사랑할 수 있는 능력, 창의성, 과학적 능력 등을 자극할 수 있어야 하고, 과학적 환원주의를 거부할 것을 요구한다.

또한 사랑이 없다면 교사들의 활동은 의미를 잃게 된다. 그리고 여기서 말하는 사랑이란 학생들을 향한 것일 뿐만 아니라 가르치는 과정을 향한 것이기도 하다.

(프레이리 저, 교육문화연구회 역, 2000. pp.112-115)

✪ 교사가 된다는 것은 타인의 삶에 깊숙이 참여하면서 동시에 그 사람과 함께 하고자 하는 용기를 필요로 하는 일이다. 특히 절대적 의존의 상태에 있는 영유아기의 아동과 함께 하겠다는 각오는 한 생명을 책임지고 미래의 삶에 등불이 되어주겠다는 의미를 내포하기 때문에 더욱이 용기가 필요한 결단일 수 있다. 여기에는 교사라는 직업에 대한 사랑과 더불어 어리고 순수한 작은 생명에 대한 무한한 사랑과 호기심 그리고 탐구심과 윤리의식이 필요하다고 말할 수 있을 것이다.

활동하기

1 나의 비전 찾기

1) 나는 어떤 삶을 살고자 하는가? 나의 비전은 무엇인가?

2) 나의 어릴 적 꿈은 무엇이었나?

3) 자신이 삶에서 가장 가치 있게 생각하는 것과 그 이유를 적어보자.
(가족, 돈, 명예, 직업, 꿈의 달성 등)

2 삼각형의 영역 채워보기

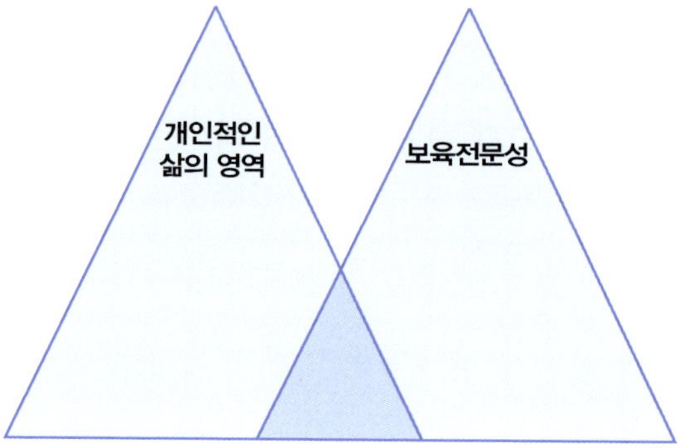

1) 좌측의 개인적인 삶의 영역에 속하는 성질은 어떤 것인지 그림 속에 써 넣어보자.

2) 우측의 보육 전문성에 필요한 자질은 무엇인지 써 넣어보자.

3) 나에게 삼각형의 여러 요소들 가운데 어떤 요소들이 있고 이것이 어떻게 보육교사의 직업과 잘 연결되는지 생각해 보자.

MEMO

Chapter 02

보육교사의 역할

1. 보육교사의 존재 의의
2. 보육교사의 교육적 역할
3. 보육교사와 아동의 애착관계
4. 보호와 교육의 일체적 운영

아동기를 보내면서 꼭 경험해야 하는 시간들이 있다. 예를 들어, 발밑의 개미들이 분주하게 움직이는 것을 한없이 들여다보는 시간이라든지 하늘에 떠다니는 구름이나 떨어지는 빗물을 오래도록 바라보는 시간 같은 것들이다. 그 시기를 지나치면 다시는 기다려주지 않는 자연과 친구, 다양한 사물 등의 환경과 접촉하면서 감성을 기르는 소중한 경험이다. 이런 시간들은 이후의 아동의 성장을 깊고 넓게 하는 것이기 때문에 지켜주고 갈고 닦을 수 있는 환경을 보장해 주어야 한다. 교사는 아동으로 하여금 지금을 즐기고 '아동으로서의 시간'을 충분하게 살아가도록 아동과 함께 생활하면서, 아동의 웃는 얼굴을 지켜주어야 한다. 그리하여 지금 이 순간 자립을 향해 걸음을 내딛고 있는 아동의 뿌리에 깊고 강한 영향을 주는 중요한 타자로서 상호작용하는 존재가 되어야 한다. 이러한 사실에 강한 책임과 자부심을 갖고 기쁨을 가지면서 보육하기를 바란다.

이 장에서는 일반적인 아이 돌보기와 다른 차원의 보육교사의 존재와 사명에 대해 살펴보고, 필요한 인간적인 특성에 대해 배울 것이다.

1 보육교사의 존재 의의

보육(care and education)이란 어린 아동을 지키고 보살펴주면서 성장을 돕는 실천이다. 보육교사의 업무는 몸과 마음이 미숙한 영유아기의 아동을 보살피고(care), 내적인 힘 혹은 가능성을 이끌어내서(education), 사회에서 적응하여 살아가기 위한 기초적인 자질과 능력을 육성하는 것(socialization)이다. 이러한 과제를 맡으면서 영유아와 함께 살아가는 사람이 보육교사이다.

1) 마음의 안식처

보육교사는 유아가 가진 자기발전의 힘을 믿고 지켜주고 도와주는 사람이다.

특히 보육이라는 일은 다른 일과 비교하여 눈에 보이는 성과가 금방 나타나지 않는 성격의 일이다. 따라서 의심하지 않고, 서두르거나 초조해하지 않고, 일관성 있게 노력하면서 매일매일의 '놀이'를 계속 지켜주지 않으면 안 된다. 무엇보다 보육교사는 인간의 가장 순진무구한 시기에 있는 영유아로부터 마음에서 솟아나오는 순진무구한 사랑, 깊은 신뢰와 존경을 받으면서 역할을 수행하는 사람이다. 유치원이나 어린이집에서 생활하는 유아에게 보육교사는 마음의 안식처이기도 하다. 즉, 언제든지 도망쳐서 돌아갈 수 있는 안전기지, 돌아가 정박할 수 있는 모항(母港)처럼 유아가 안심하고 존재할 수 있게 해 주는 마음의 안식처이다. 돌아가 기댈 수 있는 대상이 가까이 있기 때문에 유아는 다양한 일들에 도전할 수 있다. 보육교사의 보살핌과 지지를 바탕으로 유아는 자기를 발휘할 수 있게 된다.

2) 아동의 모델로서의 역할

한편 보육교사는 아동의 모델이다. 사회 학습이론가(모델링이론)로 알려진 반두라(Bandura, A., 1925~)는 아동은 부모의 말을 듣고 배우는 것이 아니라 부모가 하는 행동을 보고 배운다고 지적하고 있다(송석재, 2006: 216).

아동에게 보육교사는 부모의 대신이기도 하고 행동과 규범의 모델이기도 하다. 보육교사의 말과 행동, 습관, 호불호, 도덕이나 가치관에 이르기까지 유아는 교사에게서 많은 것을 배우고 익힌다. 정서가 안정되어 있고 유능한 보육교사의 학급은 안정되고 포근한 분위기를 갖는다. 학급을 감싸는 여유를 갖지 못하는 보육교사, 정리정돈에 서툰 교사의 학급은 유아의 행동도 난폭하고 거칠고, 크고 작은 다툼이나 부딪힘이 끊이지 않는다. 보육교사 자신이 유아에게 중요한 인적 환경이라는 것을 염두에 두고, 유아들이 항상 보고 있다는 것을 의식하면서 보육에 임하지 않으면 안 된다.

보육교사는 유아의 생활뿐 아니라 그 자라나는 미래에도 큰 영향을 준다고 해도 과언이 아니다.

2 보육교사의 교육적 역할

1) 안내자 원조자로서의 교사

유치원의 창시자 프뢰벨(Fröbel, F. W. A., 1782~1852)은 교육자의 역할은 유아가 자신의 내적인 본질, 즉 끊임없이 창조하고 표현하고자 하는 욕구를 발휘하도록 지원하는 것이라고 하였다. 프뢰벨은

'수동적·추수적 교육'을 강조하였는데, 유아에게 내재하는 발달법칙에 따르는 교육을 중시한 것이다. 그는 한편 성인이 주도하는 명령적·규정적·간섭적인 교육을 비판하였다. 그는 놀이야말로 유아의 생명의 표현이며 생활이라고 생각하고 유아의 놀이를 지원하여 그 창조적 전개를 돕는 것이 보육교사의 역할이라고 하였다. 프뢰벨은 유아의 성장을 조장하기 위해서도 보육교사 자신이 유아와 함께 생활하고 유아와 함께 성장하여 갈 것을 주장하였다(프뢰벨 저, 정명근 역, 2009).

한편 미국의 철학자 듀이(Dewey, J., 1859~1952)는 '아동중심 교육'의 입장에서 교육이론을 과학적·사회적 관점으로 구상했다. 그는 아동의 개성을 존중하고 내부로부터 나타나는 성장 가능성에 주목하는 동시에 교사는 아동의 사회생활을 유도하고 안내하는 원조자라고 가르쳤다. 보육교사는 유아의 개성, 흥미, 관심 등에 이끌리는 자발적 행동을 중요시하면서 유아가 사회적 관계 속에서 협동적으로 활동할 수 있도록 배려해야 한다고 하였다(듀이 저, 황정숙 역, 2013).

또한 보육교사는 환경구성의 중요성을 알고 이를 실천해야 하는 책임이 있다. 보육교사는 아동에게 매력적이고 창조적이면서 활동성을 자극하는 환경을 준비함으로써 유아의 놀이를 유발시키는 역할을 해야 한다. 교사의 바람이나 목표, 교육적인 가치나 가능성이 환경에 준비되면, 유아는 자발적인 놀이를 통해 스스로 교육적 문맥을 따라 가는 것이다.

2) 아동의 자주성, 자발성을 존중하는 교사

결국 교사는 유아의 자주성과 자발성을 존중하면서, 사회성을 키워가는 것을 목표로 환경을 준비하고 원조하는 역할을 하는 존재라고 이해할 수 있다. 교사는 유아 자신이 생활 속에서 스스로 신체 기관, 감각을 활용하는 놀이를 하도록 도와주고, 다른 사람과 관계맺으면서 자기를 발휘하는 유아로 커가도록 지원해야 한다. 즉, 교사는 유아가 가까운 환경과 상호작용하면서 그 신체나 정신의 다양한 능력을 성장시키도록 환경을 구성, 재구성 하면서 도움을 주는 것이다. 동시에 교사 자신도 감성과 풍부한 상상력, 호기심과 창조성을 가진 생활인으로서 조금씩 스스로를 향상시켜가야 할 것이다.

3) 보육교사의 언행

보육교사의 교육은 복장, 몸가짐, 언어사용 등 교사의 용모나 언행을 통해서도 나타난다. 예를 들어, 보육교사의 복장과 소리에 대해 생각해 볼 수 있다.

보육 중의 교사의 <복장>은 자유로운 개인의 판단에 맡기는 경우에는 강렬한 색이나 화려한 캐릭터, 문자가 있는 프린트, 넓게 파여 있는 목, 허리가 노출되는 바지 등 '다른 사람에게 민망함을 주거나', '자신의 개성을 두드러지게 하는' 복장은 피하도록 요구한다. 장발이나 화장도 마찬가지다. 교사의 정서, 사람됨이 유아에게 자연히 전달되는 것에 대한 배려이다.

또한 교사의 <소리>에 대해서도 주의가 필요하다. 자신의 지도력과 주도성을 발휘하려고 힘을 쓰는 교사는 무의식 중에 큰 소리를 내는 경향이 있다. '자신의 이야기를 유아에게 듣게 하도록',

'유아로 하여금 자신에게 주의집중하도록 하기 위해' 의욕이 앞서기 때문이다. 큰소리를 냄으로써 교사 자신이 보육의 중심에 서는 것이다. 그러나 교사의 큰소리는 유아의 마음에 가 닿지 않는다. 항상 어디서도 말을 거는 교사의 잡다한 말은 아동의 의식에 소통하지 못한다. 교사의 언어에 필연성이나 중요성이 없기 때문이다.

교사는 유아를 향하여 필요할 때 확실하게 한 사람 한 사람의 마음에 닿는 '소리'로 상호작용해야 한다. 직접 아동들 앞으로 다가가서 어깨를 안아주는 기분으로 부드럽게 확실하게 말을 거는 것이 중요하다. 교사는 '듣게 하는 언어'가 아니라 '귀를 기울이게 되는 소리'로 유아의 마음에 말을 거는 것이다. 부드러운 '소리'로 보육 받은 유아는 부드러운 '소리'로 친구들과 상호작용하게 된다. 서로서로의 언어가 부드럽게 화합하여 메아리치면 따뜻하고 바른 생활 집단이 형성되는 것이다.

3 보육교사와 아동의 애착관계

1) 공감적 타자로서의 보육교사

교사는 영유아와 깊이 있는 상호작용을 하면서 애착을 형성하는 가운데 공통의 체험을 쌓아가는 존재이다. 친밀한 두 사람이 시간과 공간을 공유하면서 같은 것을 보고, 같은 것을 듣고, 같은 것을 만지는 것이다. '오늘 하늘은 정말로 파랗다', '이쁜 꽃이 피고 있네', '비가 후둑후둑 내리고 있네', '찬물이구나' 등. 오감을 활용한 체험을 공유하는 것이다. 이때 놀라고, 기뻐하고, 감동하고, 불안해하고, 염려하는 등의 정서가 교환된다.

보육교사는 아동과 시선을 함께 하고, 아동이 보고 있는 세계를 함께 바라보고, 아동과 신체감각을 함께 한다. 아동의 세계를 실감하고, 이해하고, 아동과 함께 세계를 만들어가는 것이다. 보육교사는 이러한 '공감적 타자'로서 유아와 상호적·공감적인 관계를 맺고, 안정된 신뢰관계를 확립해 갈 수 있다.

보육교사는 남녀를 불문하고 아동을 무조건적으로 사랑하고 수용하는 모성적인 양육자가 되는 것이 기대된다. 사랑받고 기쁨을 아는 유아는 다른 사람을 사랑할 수 있는 인간으로 성장해 간다. 세대를 초월한 사랑의 연쇄를 만드는 것, 이것이 보육교사의 가장 큰 책무이다.

2) 보육교사의 모성적 상호작용

일반적으로 '모성적 상호작용'이란 애정을 가지고 아동을 전면적으로 수용하는 상호작용을 말한다. 한편 종교나 도덕 등의 규범이나 지침을 보여주고 사회의 엄격함을 가르치고, 자립을 촉진하는 것이 '부성적 상호작용'이라고 말한다. 모성원리와 부성원리가 조화롭게 작동함으로써 인간형성에서 의존성과 자립성이 형성되는 기능을 하는 것이다.

보육에서는 '모성적 상호작용'이 중시되고 있다. 그 근거를 보여주는 연구로 유명한, 영국의 소아과의사 볼비(Bawlby, J., 1907~1990)가 있다. 제2차 세계대전 후 그는 WHO의 의뢰를 받고 유럽이나 미국의 전쟁고아나 가족에서 이탈된 아동들의 건강이나 발달 상태를 조사하였다. 그는 사랑할 대상인 어머니로부터 떨어진 유아에게는 발달의 지연이 나타나고, 발병률이나 사망률도 높다는 사실을 발견하였다(모성박탈: mental deprivation). 이를 통해 사회적·정신적 발달을 위해 적어도 특정의 양육자(대개의 경우 어머니)와 친밀한 관계(애착: attachment)를 유지하는 것이 반드시 필요하다는 것이 알려지게 되었다(Holmes, J. 저, 이경숙 역, 2005).

모성박탈의 문제는 오늘날 학대아동에서도 증명되고 있다. 본래 신뢰할 수 있는 타자인 가까운 양육자로부터 신체적·심리적·성적인 학대를 받은, 또는 방임(양육방기)된 영유아는 심각한 트라우마를 안게 된다. 학대를 받았던 아동은 돌아가야 할 모항, 안전기지라고 하는 가정이나 보호자가 사라지게 된다. 정신적으로 불안정해지고, 자기긍정감과 타자에 대한 신뢰감을 확립하기 어려워진다. 일상적인 불안감이나 절망감에 빠질 수 있고 타자의 평가에 과민해지고 '자신은 나쁜 아이다', '좋은 아이가 되지 않으면 안 된다'라고 하는 압박에 사로잡힌다. 이러한 아동들에 대하여 위로나 살아갈 희망, 정서적 안정을 가져오게 하는 것은 그 아이를 전면적으로 수용하는 '모성적 상호작용'이다.

최근의 연구에서는 모성적 양육(mental care)이 반드시 생물학적 어머니만을 의미하는 것은 아니라는 것이 명백해지고 있다. 어머니 이외의 여성이나 남성이어도 영유아의 가까이에서 '모성적 상호작용'을 보장해 주는 '특정의 인물'이라면 영유아의 애착형성에 충분하게 기여한다는 것이다(Holmes, J. 저, 이경숙 역, 2005). 영유아와의 사이에서 감각적 협응, 결국 공감적 협응(접촉하는 관계)을 기본으로 하는 '나와 너'의 '2인칭의 관계'를 맺어주는 타자가 있다면 아버지도, 보육교사도, 시설 직원도 영유아의 애착대상이 될 수 있는 것이다.

4 보호와 교육의 일체적 운영

어린이집 보육은 보호와 교육이 일체적으로 운영되는 것을 특징으로 하고 있다. 이것은 다른 시설보호와 비슷하다고 말할 수 있을 것이다.

보호와 교육이 일체적으로 하나의 사건 속에 이루어지는 것은 마치 땅과 지도의 관계와 같다고 생각해 볼 수 있다. 땅과 지도의 관계는 마치 '루빈의 잔'처럼 어느 한쪽이 없다면 다른 한편이 성립하지 못하는 것과 같은 의미에서 일체가 되는 것이다.

그림 2-1 **루빈의 잔**

출처: https://m.blog.naver.com/PostView.naver?isHttpsRedirect=true&blogId=basilria2&logNo=220283220857

결국 보호와 교육은 한참 발달이 왕성하고 양호가 필요한 영유아기의 시기에는 구별할 수 없는 것으로, 아동의 생활 속에서 보호적 양육과 적극적 교육의 작용이 하나가 되어 보다 바람직한 아동의 성장과 발달을 도모한다는 공통의 목표를 향해 나아가고 있다.

한편 현대적 의미의 아동은 고정된 정체성을 지닌 존재가 아니라 세상과의 관계 속에서 변화하는 역동적 생성의 존재로 인식되고 있다. 아동은 변화하는 생성의 과정에 있는 존재로서 세상 혹은 타자와의 관계를 통해 다양한 차이들을 생성해 내는 상호주체이다. 즉, 세계에 영향을 주기도 하고 그 속에서 의미를 발견하기도 하는, 세계를 향해 열려 있는 존재임을 의미한다. 타자에 의존하지 않고는 스스로를 정립할 수 없다는 의미이다. 이는 교사도 마찬가지다. 끊임없이 타인과 상호작용하고 아동과 관계하면서 자신도 변화하고 아동도 성장하는 역동적인 관계 속에 있다.

읽고 생각해 보기

마르틴 부버의 '나와 너'

진실로 '나'는 '너'와의 직접적인 관계를 매개로 해서만 버젓한 '나'가 되는 것이다. 내가 '나'로 됨에 따라 나는 그를 '너'라고 부르게 되는 것이다.

온갖 참된 삶은 만남이다.

(마르틴 부버, 김천배 역, 기독교서회, 2000. p.26)

진실로 우리가 사랑 안에 머물러 있으면서 사람을 바라다볼 때에는 사람은 그 하나하나가 자유롭고 유일무이한 존재요 또한 하나의 '너'가 되어 내 앞에 어엿이 서 있는 인격으로 나타날 것이다. 그러할 때 '나-너'의 관계만이 가질 수 있는 그 특이한 독존성이 나타나곤 하는 것은 참으로 신비한 일이라 하지 않을 수 없으니, 이때라야 비로소 사람은 남을 돕고, 고치고, 가르치고, 높이고, 건질 수가 있게 되는 것이다.

(마르틴 부버, 김천배 역, 2000. p.31)

관계는 상호적이다. 내가 나의 '너'에게 작용하고 있듯이 나의 '너' 역시 나에게 작용하고 있다. 나에게 가르침을 받는 자가 나를 형성하고 내가 만드는 작품이 나의 인격을 구축한다.

(마르틴 부버 저, 김천배 역, 2000. p.32)

✪ 부버는 '교육적 관계는 어떤 대화적인 것이다'라고 말하였다. 이는 교사와 아동 간의 관계가 단절된 나와 너의 관계를 넘어서서 상호적 관계임을 강조한 것이다. 아동을 하나의 인격적 존재로 받아들이고 또 하나의 주체로 인정하는 존중과 겸손을 지녀야 한다는 의미이다. 이는 아동 한 사람 한 사람의 독특성을 인정하고 보살핌과 배려의 윤리의식에 입각하여, 선을 행하고 책임지는 윤리적 태도이기도 하다.

활동하기

1 자아존중감 척도

자신이 해당한다고 생각하는 번호에 표시해 보자(점수가 높을수록 자아존중감이 높은 것임).

번호	내용	전혀 그렇지 않다	대체로 그렇지 않다	보통 이다	대체로 그렇다	매우 그렇다
1	나는 자신을 긍정적으로 생각한다.					
2	나는 다른 사람만큼 일을 잘 해낼 수 있다.					
3	대체로 나는 나 자신에 만족한다.					
4	나는 좋은 점을 많이 가지고 있다고 느낀다.					
5	나는 남들만큼 가치 있는 사람이라고 느낀다.					
6	나는 자랑거리를 많이 가지고 있다.					
7	나의 삶은 매우 쓸모 있다.					
8	나는 나 자신을 존중하는 마음이 있다.					
9	나는 스스로 좋은 사람이라고 생각한다.					
10	대체로 나는 성공한 사람이라고 생각한다.					

출처: 우영효(2015). 인성교육과 직업윤리.

2 나의 최고의 장점

1) 내가 생각하는 장점과 단점들을 모두 적어보자(외모, 성격, 능력 등).

장점:

단점:

2) 내가 생각하는 단점에 대해 친구들이나 부모님이 해 준 격려의 말들을 적어보자.

3) 이제 자신이 가지고 있는 최고의 장점이 무엇인지 정리해 보자.
(내가 가지고 있는 많은 것들 가운데 내가 생각하는 나의 장점이 지금 나의 최고의 재산이 될 수 있다.)

3 나의 직업 발견하기

1) 내가 남들보다 잘하는 것이 무엇인가?

밤을 새워가며 해 본 일, 남들보다 빨리 배웠던 것, 오래 해도 질리지 않는 일 등.

2) 내가 좋아하는 것, 재미있어 하는 것은 무엇인가?

내가 좋아하는 단어 10개를 써보시오.

3) 나와 어울리는 직업은 무엇인가?

4) 내가 하고자 하는 일이 어떤 면에서 사회적 가치를 창출할 수 있는 일이라고 생각하는가?

Chapter 03

보육교사의 자격과 교육

1. 보육교사의 자격
2. 보육교사 교육의 내용

보육은 모성적인 양호와 사랑의 헌신이 필요한 과업이지만, 한편으로 깊이 있는 인간의 이해와 아동의 발달에 대한 연구, 경험과 민감성 있는 통찰을 요구하는 전문적인 과업이기도 하다. 보육을 단순한 돌봄으로 보는 견해에 맞서 훈련과 성찰을 필요로 하는 고도의 인간 형성의 작용이라고 하기 위해서는 교육과 연구의 과정이 필요하다.

보육교사가 되기 위해 대학이나 교육기관에서 어떠한 내용을 배우고, 어떠한 아동연구의 성과에 기초하여 보육을 공부하고 준비해야 하는가를 이 장에서 살펴보고자 한다.

1 보육교사의 자격

'영유아교사'라는 단어를 사용하는 경우 이 단어에는 암묵적으로 2종류의 직종이 포함된다. 보육교사와 유치원교사이다. 결국 '영유아교사'는 이 두 직종을 총칭하는 단어이다. 보육교사와 유치원교사의 자격은 우리나라에서는 이원화된 체계를 유지하고 있다.

1) 어린이집 보육교사, 유치원 교사

영유아교사 교육을 받을 사람이라면 우선 보육이란 무엇인가, 보육은 무엇을 목적으로 하는 것인가를 중점적으로 생각해 보아야 할 것이다. 우리나라에서는 어린이집의 설립목적을 '보호자의 위탁을 받아 영유아를 건강하고 안전하게 보호·양육하고 영유아의 발달 특성에 맞게 교육을 제공하는 기관'이라고 정하고 있다.

표 3-1 어린이집과 유치원의 비교

	어린이집	유치원
목적	보호자의 위탁을 받아 영유아를 건강하고 안전하게 보호 양육하고 영유아의 발달 특성에 맞게 교육을 제공하는 기관	유아를 교육하고, 적절한 환경을 제공하여 그 심신의 발달을 조장하는 것 만3세부터 초등학교 취학 이전의 유아들을 대상으로 심신의 발달을 조장하기 위해 「교육법」에 의해 설치, 운영되는 교육부 관할의 교육기관
대상연령	만0세~만5세의 취학 전 아동을 원칙으로 하며, 필요한 경우 만 12세까지 연장하여 보육할 수 있음	만3~5세

	어린이집	유치원
시간	종일제	반일제 3~5시간 시간연장제 5~8시간 종일제 8시간 이상
자격	보육교사 1,2,3급 자격	유치원 정교사 1,2급 자격증
근거가 되는 법률	영유아보육법	유아교육법
관할	보건복지부	교육부
직원배치 기준	만0세 1:3, 만1세 1:5, 만2세 1:7, 만3세 1:15, 만4세 이상 1:20	만3세 1:22명 만4세 27명 만5세 30명 시도마다 다름
종류	설치 주체에 따라 국·공립, 사회복지법인, 법인·단체 등, 민간, 가정, 직장, 부모협동 어린이집으로 구분	국공립(단설, 병설), 사립

출처: 윤혜경(2016). 보육실습워크북.

2) 보육교사, 유치원 교사가 되기 위해 필요한 면허, 국가자격

영유아교사가 되기 위해서는 최소한의 조건으로 국가 자격증의 취득이 필요하다. 유치원교사는 「유치원교육법」에 의한 유치원정교사 자격, 보육교사는 「영유아보육법」에 의한 보육교사 자격을 취득할 것이 요구된다.

먼저 보육교사 자격에 대해 알아보자. 표 3-2와 같은 3종류의 자격이 있다.

표 3-2 보육교사 자격의 종류

보육교사 1급	1. 보육교사 2급 자격을 취득한 후 3년 이상의 보육업무 경력이 있는 사람으로서 보건복지부장관이 정하는 승급교육을 받은 사람 2. 보육교사 2급 자격을 취득한 후 보육 관련 대학원에서 석사학위 이상을 취득하고 1년 이상의 보육업무 경력이 있는 사람으로서 보건복지부장관이 정하는 승급교육을 받은 사람
보육교사 2급	1. 전문대학 또는 이와 같은 수준 이상의 학교에서 보건복지부령으로 정하는 보육 관련 교과목 및 학점을 이수하고 졸업한 사람 2. 보육교사 3급 자격을 취득한 후 2년 이상의 보육업무 경력이 있는 사람으로서 보건복지부장관이 정하는 승급교육을 받은 사람
보육교사 3급	고등학교 또는 이와 같은 수준 이상의 학교를 졸업한 사람으로서 보건복지부령으로 정하는 교육훈련시설에서 정해진 교육과정을 수료한 사람

관련법령: 「영유아보육법」(보건복지부, 2014)

한편 유치원교사 자격에는 표 3-3과 같은 요건이 있다.

표 3-3 유치원교사 자격의 종류

자격 급별	자격기준
정교사 1급	1. 유치원 정교사(2급)자격증을 가진 자로서 3년 이상의 교육경력을 가지고 소정의 재교육을 받은 자 2. 유치원 정교사(2급)자격증을 가지고 교육대학원 또는 교육부장관이 지정하는 대학원의 교육과에서 유치원 교육과정을 전공하여 석사 학위를 받은 자로서 1년 이상의 교육경력이 있는 자
정교사 2급	1. 대학에 설치하는 유아교육과 졸업자 2. 대학(전문대학 및 이와 동등 이상의 각종 학교와 「평생교육법」 제31조제4항에 따른 전문대학학력인정 평생교육시설을 포함한다) 졸업자로서 재학 중 소정의 보육과 교직학점을 취

자격 급별	자격기준
	득한 자 3. 교육대학원 또는 교육부장관이 지정하는 대학원의 교육과에서 유치원 교육과정을 전공하고 석사학위를 받은 자 4. 유치원 준교사자격증을 가진 자로서 2년 이상의 교육경력을 가지고 소정의 재교육을 받은 자
준교사	1. 유치원 준교사 자격검정에 합격한 자
비고	1. 원장 · 원감, 초 · 중등교육법의 규정에 의한 교장 · 교감, 교육장 · 장학관 · 장학사 · 교육연구관 · 교육연구사의 경력연수는 교육경력연수로 볼 수 있다. 2. 이 표중 전문대학에는 종전의 초급대학 · 전문학교 및 실업고등전문학교를 포함한다.

관련법령: 「유아교육법」 제22조(교원의 자격)

2 보육교사 교육의 내용

1) 보육의 본질, 목적

아동은 어떤 사회 어떤 장소에서 자라더라도 아동 나름의 생활을 영위하도록 보장받아야 한다. 이는 아동 권리(최선의 이익)의 기본 사고방식이고 오늘날 우리 모두가 가지고 있는 신념이다. 또한 아동은 보호를 필요로 하는 존재라는 점에서 아동을 가족의 생활과 분리하여 생각할 수 없다는 것이 전제가 된다. 이때 아동의 가족은 다양한 형태를 지닌 가족이라는 점도 간과할 수 없다.

이러한 사고방식이 어떠한 역사를 거쳐서 형성되었는가는 아동철학의 역사적 전개와 밀접한 관련이 있다. 기본적으로 아동의 요구에 응하면서 동시에 아동의 생활을 중시하는 원칙은 아동의 보육을 실천하는 근거가 되는 사고 방식이다.

결국 보육은 어떠한 사회 속에서 어떠한 사회를 구축하고자 하는가의 사회 문화적 원리와도 밀접한 관계가 있다. 보육교사가 되기 위해서는 이러한 맥락을 이해하는 폭넓은 관점의 학습과 훈련이 필요하다. 이러한 점이 보육교사 양성에서 필요한 과목군의 주요한 내용으로 반영되어 있다.

2) 보육교사 자격취득에 필요한 교과목의 구성

보육의 대상은 아동과 가족, 이를 둘러싼 지역이나 사회도 넓게 포함되지만 당연히 중심은 아동이고, 그 가족이다. 아동이 아동의 생활을 영위하도록 하기(최선의 이익) 위해서는 보육교사가 대상인 아동과 가족을, 그리고 이를 둘러싼 사회적 관계를 이해하는 것이 필수이다. 지금까지 보육실천을 통하여 혹은 관련된 연구를 통하여 아동발달에 관한 지식이 축적되어 왔다. 이것들을 배우는 것은 중요하다.

그리고 보육교사가 보육의 장에서 실제 관계하는 아동은, 과거의 아동(축적된 발달과정)이 아니라 지금부터 생활을 이어가는 아동(미래 = 아직 경험하지 않은 미지)이다. 과거의 아동의 모습이 그대로 있는 것이 아니라 매순간 움직이고 변화하고 있기 때문에 현실은 조금 더 복잡하다. 보육의 대상에 대해 다각적으로 폭넓게 이해하는 것이 필요한 까닭이다.

보육교사 양성 교과목은 크게 세 가지로 분류되어 있다. 교사인성을 함양하는 교사인성 교과목군을 기본으로 전문적 지식과 기술을 습득하기 위한 보육지식과 기술 교과목군, 그리고 이를 총합하여 실천에 접목하는 보육실무 교과목군이 그것이다. 다음에서 각각을 자세히 살펴보자.

(1) 교사인성 교과목 – 전문성의 기반으로서의 인간성

교사인성 교과목군의 '보육교사(인성)론', '아동권리와 복지'는 교사의 전문성의 기반으로서의 인간성과 윤리의식에 대한 내용을 포함하고 있다. 보육을 담당하는 교사의 인간성, 품성, 윤리의식, 전문성 등은 교사가 갖추어야 할 덕목이다. 또한 아동의 권리와 복지에 대한 이해는 아동의 인권에 대한 민감성과 윤리의식의 중요성을 강조한 교과목이라고 말할 수 있다.

많은 전문적 지식을 습득하고 보육기술을 몸에 익혀도 그것만으로 보육이 가능한 것은 아니다. 그것을 어떻게 보육실천에 살리는가는 보육교사의 인간성에 좌우된다. 예를 들어, 활동성이 강한 사람과 온화한 분위기를 가진 사람에게 보육실천은 완전히 다른 것이 된다. 보육교사가 다양하게 가지고 있는 개성, 성격, 교양, 지성, 윤리의식, 감성 등이 그 사람의 특성을 형성하고, 그것을 기반으로 구체적인 보육을 살려내는 것이다. 결국 인간성은 그 사람다운 실천을 만들어내는 것이고 실천에 채색을 더하는 것이라고 말할 수 있다.

보육교사에게 인간성이 중요한 것은 보육현장에서는 상식이다. 그러나 이것은 극단적으로 말하면 '인간성이 좋으면 전문성은 별로 필요없다'라고 생각되는 것을 의미하는 것으로 이해될 수도 있다. 확실히 얼마 전까지는 '보육교사는 아동과 노는 것이 일이다'라고 하는 인식이 일반적이고, 전문성에 대해서 별로 이해되지 않은 측면이 있었다. 그러나 지금은 어느 때보다도 보육교사의 전문성이 높이 인식되고 있다. 그리하여 「영유아보육법」에는 연수나 자기연마를 통해 전문성 향상을 위해 노력하는 것을 의무로 하고 있다.

인간성과 전문성은 보육교사에게는 불가결한 요소이다. 단 이 두 개는 별개로 존재하는 것이 아니다. 전문성이 얼마나 발휘되는

가는 그 사람의 인간성에 의해 좌우되는 것이고, 그런 의미에서 인간성은 전문성의 기반을 이루는 것이고, 보육실천에서 인간성과 전문성은 긴밀한 관계를 가지고 있는 것으로 이해되지 않으면 안 된다.

(2) 보육 지식과 기술 – 보육직무에 필요한 전문지식

보육교사가 되기 위해 필요한 지식과 기술을 습득하기 위해서 보육의 대상은 누구인가, 그 대상을 어떻게 이해해야 하는가에 대한 과목군이 나열되어 있다. 다시 말해서 아동의 발달과 아동이해를 목적으로 하고, 이를 바탕으로 전문적 실천을 위한 영역별 지식을 연마하는 과목군이다. 이런 과목군을 통해서 아동에 대한 이해를 깊게 하고 이해를 실천으로 연결하는 기술을 연마하는 것이다. 이 계열은 '보육의 장에서 어떠한 생활을 어떻게 만들 것인가'라는 보육의 중심이 되는 실천에 관한 전문성을 다루는 과목이라고 말할 수 있다. 따라서 가장 많은 과목으로 구성되어 있다.

표 3-4 과목군 표: 대학에서 보육교사 취득에 필요한 보육 관련 교과목 및 학점

구분		교과목	이수과목(학점)
교사인성		보육교사(인성)론, 아동권리와 복지	2과목(6학점)
보육지식과 기술	필수	보육학개론, 보육과정, 영유아발달, 영유아교수방법론, 놀이지도, 언어지도, 아동음악(또는 아동동작, 아동미술), 아동수학지도(또는 아동과학지도), 아동안전관리(또는 아동생활지도)	9과목(27학점)
	선택	아동건강교육, 영유아 사회정서지도, 아동문학교육, 아동상담론, 장애아 지도, 특수	4과목(12학점 이상)

구분		교과목	이수과목(학점)
교사인성		보육교사(인성)론, 아동권리와 복지	2과목(6학점)
		아동이해, 어린이집 운영관리, 영유아 보육 프로그램개발과 평가, 보육정책론, 정신건강론, 인간행동과 사회환경, 아동간호학, 아동영양학, 부모교육론, 가족복지론, 가족관계론, 지역사회복지론	
보육실무		아동관찰 및 행동연구, 보육실습	2과목(6학점)
계	17과목 51학점 이상		

출처: 「영유아보육법」(2014).

표 3-4에서 보듯이 보육지식과 기술 계열 과목의 상당수는 아동을 이해하거나 아동과 생활하는 가운데 필요한 지식을 습득하기 위한 과목들이다. 보육교사는 아동과 생활하면서 지금 배우고 있는 지식, 기술을 구사하여 한 사람의 아동을 원조하는 것이다.

아동과의 생활(보육)은 사전에 결과를 알 수 있는 것이 아니고 시시때때로 움직이고 변화하는 가운데서의 경영이므로 그 모습에 준하여 목표가 설정되고 수정되어야 한다. 결국 아동의 발달과정에 대한 지식을 획득하는 것만이 아니라 움직이는 주체로서의 일상을 살아가는 아동을 이해하는 기술을 익혀야 하는 것이다.

아동이해의 내용은 아동의 신체와 정신의 발달, 안전과 질병예방, 식사, 안전관리, 가족의 상황, 사회 환경 등으로 다양하다. 또한 이것들은 아동이 생활하는 구체적인 장소를 포함하여 생각해야 한다. 왜냐하면 아동의 생활이나 발달은 구체적인 때와 장소에서 경영되고, 정책이나 지역사회 복지 등 그 현장의 조건에 크게 영향을 받기 때문이다.

과거의 아동의 발달과정을 참조하면서 눈앞에 있는 아동의 '지금 여기'를 이해하고 그 아동의 발달의 미래를 바라보는 것이다.

한편 '보육의 돌아보기'를 위해서 평가의 이해도 중요하다. 따라서 각 영역별 과목에서 자신의 보육을 돌아보고 스스로 발전할 수 있는 평가와 연습이 이루어질 필요가 있다.

(3) 보육실무 – 현장 실습

이 영역은 '아동관찰 및 행동연구'와 '보육실습'으로 이루어져 있다. 어린이집 보육을 중심으로 '아동의 최선의 이익'을 실현하기 위하여, 실제 활동 속에서 아동을 관찰하는 것을 배우고 실천을 적용하는 과목군이다.

현재를 살아가는 아동이나 가족과 함께 보육을 생각해야 한다는 점에서 그 내용이나 방법에도 불확실성이나 독자성을 반영한 실천은 항상 필요하다. 그러므로 아동의 개개인의 발달특성을 다루어야 하고, 이를 위한 관찰과 개별적 접근이 필요하다.

또한 잊어서는 안 되는 것은 아동의 생활은 사람이 살고 있는 구체적 시공 가운데 있다라는 점이다. 결국 지금까지 그 장소에서 계속되어 왔던 생활의 연속 가운데 아동을 관찰하고, 아동의 생활에서 무엇을 계속 이어가고 무엇에 수정을 가할 것인가라는 관점도 중요하다.

수업의 형태는 연습형식을 주로 하면서 다양한 계열의 범위에서 각자가 질문하고 그 물음에 대한 답을 파헤치기 위하여 다양한 지식을 활용해야 한다. 그러나 보육실천은 여러 지식이나 기술만으로 행해지는 것은 아니고 여러 계열이 중첩되어 만나고, 또한 융합하는 형식으로 총합성을 특징으로 하고 있다. 여러 계열의 지식이나 기술을 종횡무진 사용하면서 보육실습을 하게 된다. 보육실습은 보육 그 자체이다.

3) 어떻게 배울까 – 강의, 실기연습, 실습

보육교사로서 필요한 지식이나 기술을 어떻게 배울까? 수업형태별(강의, 연습, 실습)로 정리할 수 있다.

전문적 지식이나 기술의 습득은 강의와 연습형식으로 배우는 것이 좋다. 교과목에서 실기연습이 강의와 다른 것은 그 과목이 다루는 범위에서 배우는 사람 스스로가 과제를 실습하면서 모델 수업 등을 통해 실천하고 익히는 것이다.

실기연습 형식을 통하여 질문해 보고 그 물음에 어떻게 답할까를 스스로 혹은 팀이나 그룹의 형태로 생각해 보는 것이 좋다. 왜 그것을 물을까, 어떠한 방법으로 검토한 재료를 모을까, 그 재료를 어떻게 분석할까, 그리하여 어떠한 결론을 도출할 것인가를 문장으로 표현하여 발표하는 것까지를 포함한다. 또한 구체적인 실천에 들어가기 전에 실천의 장을 상정하고 목표한 과제를 달성하기 위해 연습을 통에 시뮬레이션 해 보기도 한다. 이러한 교육 방식은 이론으로 배운 내용과 지식을 현장에 적용하는 실천에 필요한 과정이다. 교육과정에서 실기 연습과목이 많이 필요한 것은 보육이 실천적 성격이 강하기 때문이다.

보육은 구체적인 장에서 의미를 읽어내고, 그런 상황을 모은 지식이나 경험으로부터 판단하고, 목표와 연관하여 최선의 대응을 생각하고 실천하는 과정이다. 보육이 일상의 애매함, 불확실성을 그 전문성의 핵심으로 한다면, 가장 예측이 어려운 대상을 이해해야 하는 것이 필수이다. 그리고 아동과 함께 생활하는 보육의 내용이나 방법은 연습형식이나 실습의 형식을 많이 다루어야 하는 것이 필연적이라고 말할 수 있다.

이상 보육의 공부를 '무엇을 위해 누구를 대상으로 어떤 것을 해야 하는가에 대해 생각하고 실천하는 것'이라고 보고, 그것을 담당하는 보육교사는 이런 것들을 어떻게 배울까에 대해 검토하였다.

보육의 기술이란 보육내용과 방법이 연장선상에 있기 때문에 어떤 기술만이 독립하여 있는 것은 아니다. 예를 들어, '동요를 피아노로 칠 수 있다', '손유희를 알고 있다' 만으로는 보육의 기술이라고 말할 수 없다. 기술이란 결국 연습을 통해 스스로 실천을 묻고, 답을 발견하고, 이를 현실에 적용하는 것까지를 의미하는 것이다. 결국 지식과 실천의 결합이라고 할 수 있다.

읽고 생각해 보기

"아동이 만드는 진실한 예술은, 부모의 마음에 소박한 노력으로 호소하고, 그것이 이끌어내는 공감은⋯ 생활에서 음악이 소멸하고, 친밀한 집단에 대한 갈망을 상실하였던 그 철의 손(공업기계)의 중압을 녹여주고, ⋯위대한 전도자나 자선 사업가들이 되돌려 놓지 못했던 인간다운 생활과 언어가 아동들로 인해 되돌아 왔다"

'빈곤층의 아동들은 불행하고 빈약하기 때문에, 다양한 방법의 좋고 나쁨의 시금석이 된다'(Mcmillan, M., 1904: 195-196)

✪ 가장 혜택받지 못한 아동을 풍부하게 키우는 방법이야말로 모든 아동에게 최고의 방법이라고 믿었던 맥밀란의 신조를 보여주는 말이다.
맥밀란이 설립한 보육학교의 생활은 더러웠던 아동들의 신체를 깨끗하게 씻어줬고, 거칠었던 피부는 본래의 부드러운 촉감으로 되돌아 왔고, 생기 없었던 얼굴에는 빛나는 표정이 돌아왔다.
극심한 공장노동과 생활고 때문에 인간다운 감정이나 칭찬이 결여된 부모에게 그것을 되돌려 주고자 하는 방법으로, 이것이야말로 그들의 아동에 대한 기대를 키우는 방법이라는 신념을 가지고 있었다. 그리하여 지역이 부모의 인간성을 풍부하게 하지 못한다면 아동의 행복은 없다고 생각하고, 부모의 인간성은 아동의 빛남을 통하여 회복된다고 믿었다. 이것이 맥밀란이 말한 사회의 공동체 재생의 길이었다.

활동하기

1 나는 왜 보육교사가 되고 싶었는가?

1) 보육교사가 되고자 결정하기 전 무엇이 가장 염려되었는가?

2) 보육교사가 되기 위해 무엇을 준비해야 한다고 생각하는가?

3) 보육교사가 되면 무엇을 제일 하고 싶은가?

2 교사로서의 나의 자질

1) 어떤 교사가 좋은 교사라고 생각하는가?

2) 나는 어떤 교사가 되고 싶은가?

3) 나의 사명서 작성해 보기

자신의 가치와 그것의 실천방법을 중심으로 교사 사명서를 작성해 보자.

> 나는 내가 가지고 있는 장점 (   )을 바탕으로 (   ) 교사가 되어 아동의 (   )과 나의 (   )을 실현하고자 한다.

3 영유아교사로서의 자신의 적성 알아보기

교사평가 체크리스트를 해 보고, 어떤 부분을 준비해야 하는지 생각해 보자.

보육교사적성 측정도구

문항	설문내용	전혀 그렇지 않다	별로 아니다	보통 이다	약간 그렇다	매우 그렇다
1	평소에 긍정적으로 생각하는 편입니까?					
2	힘든 일이 있어도 내일이 되면 잊어버리는 편입니까?					
3	다른 사람들의 교육, 건강, 복지를 개선하는 직업이 가치 있다고 생각합니까?					
4	다방면의 지식이 있어 영유아의 교육에도 도움을 줄 수 있다고 생각합니까?					
5	새로운 것을 탐색하고자 하는 호기심이 있는 편입니까?					
6	영유아를 좋아합니까?					
7	기분 상하는 일이 있어도 영유아 앞에서는 항상 웃으며 생활할 수 있다고 생각합니까?					
8	영유아가 하는 말은 모두 의미가 있으므로 잘 들어줘야 한다고 생각합니까?					
9	아동을 둘러싼 가족에 대해서도 이해해 줄 수 있다고 생각합니까?					
10	영유아가 모두 개별적 능력이 있음을 인정하여 존중해 주는 태도를 갖출 수 있다고 생각합니까?					
11	맡아서 해야 할 임무나 의무를 중히 여기는 편입니까?					

문항	설문내용	전혀 그렇지 않다	별로 아니다	보통 이다	약간 그렇다	매우 그렇다
12	규칙을 준수하고 규칙 안에서 이해와 타협을 중요시 하는 편입니까?					
13	자신이 가진 재능, 흥미, 성격을 고려해서 하고 싶은 일을 선택하는 편입니까?					
14	자신이 어떤 것을 잘하는지 알고, 그러한 능력을 향상시키고자 노력하는 편입니까?					
15	식사하던 중에 기저귀를 갈 수 있다고 생각합니까?					
16	영유아가 당신을 잘 따릅니까?					
17	교실내의 문제행동을 통제할 수 있다고 생각합니까?					
18	영유아가 위험하거나 해서는 안 되는 행동을 할 때 단호하게 대처할 수 있다고 생각합니까?					
19	여러 가지 상황을 판단할 수 있는 상황판단력이 있는 편입니까?					
20	궁금한 것이 있으면 해결될 때까지 다양한 자료를 찾아봅니까?					
21	보육교사에게는 영유아 발달과 보육에 관한 전문지식이 필요하다고 생각합니까?					
22	영유아가 놀이하는 것을 좋아합니까?					
23	항상 웃는 얼굴로 영유아를 반길 수 있다고 생각합니까?					
24	영유아 사이의 차이를 받아들일 수 있을 정도로 열린 마음을 가진 편입니까?					
25	영유아를 있는 그대로 받아들일 수 있다고 생각합니까?					

문항	설문내용	전혀 그렇지 않다	별로 아니다	보통 이다	약간 그렇다	매우 그렇다
26	부모와 떨어져 있어 부모를 그리워하는 영유아를 보면 애처롭다는 생각이 듭니까?					
27	서로 다른 영유아를 차별하지 않고 공평하게 대할 수 있다고 생각합니까?					
28	보육교사 일을 억지로 하지 않고 편안한 마음으로 할 수 있다고 생각합니까?					
29	영유아의 삶에 영향을 줄 수 있는 교사는 책임을 가져야 한다고 생각합니까?					
30	자기발전에 관심이 많습니까? 예를 들어, 새로운 기술을 배우기 위해 학원을 다니거나 성공한 사람의 책이나 잡지를 읽은 적이 있습니까?					
31	어떤 일에 대해 뜻한 대로 이루어 낼 수 있다고 스스로의 능력을 믿는 마음이 강한 편입니까?					
32	영유아의 자유놀이에 적극적으로 참여할 수 있다고 생각합니까?					
33	가정에서 지도하는 학부모들에게 자녀가 어린이집 생활을 잘할 수 있도록 알려 줄 수 있다고 생각합니까?					
34	영유아의 말과 행동에 민감하고 적절하게 반응할 수 있다고 생각합니까?					
35	영유아의 지나치게 느리거나 빠른 행동을 보고 영유아 각자의 다른 특성으로 인정해 줄 수 있다고 생각합니까?					
36	영유아와 계속 같은 대화를 반복하게 되는 경우 그것을 영유아 특성으로 인정해 줄 수 있다고 생각합니까?					

문항	설문내용	전혀 그렇지 않다	별로 아니다	보통 이다	약간 그렇다	매우 그렇다
37	영유아의 환경과 생활을 보지 않고 영유아 자체를 인격적으로 볼 수 있다고 생각합니까?					
38	학교나 집에서 개인적 목표를 세우고 그것을 달성하기 위해 열심히 일합니까?					
39	맡은 업무를 적극적이고 즐겁게 찾아서 할 수 있는 편입니까?					
40	모든 면에서 편견을 버리고 영유아의 잠재력을 끌어낼 수 있다고 생각합니까?					
41	어린이집 활동에 학부모들을 참여하게 할 수 있다고 생각합니까?					
42	어린이집의 효과적인 운영을 위하여 교사와 운영진 간의 협력을 촉진시킬 수 있다고 생각합니까?					
43	학부모와 원만하게 잘 지낼 수 있다고 생각합니까?					
44	영유아에게 발생하는 갑작스러운 사고를 예방할 수 있을 정도로 주의력 깊고 조심스러운 편입니까?					
45	영유아를 꼼꼼하게 챙길 수 있을 정도로 세심한 편입니까?					
46	다정하게 자상한 성격인 편입니까?					
47	보호만을 중시하거나 교육만을 중시하기보다 보호와 교육 모두를 중요하게 여겨야 한다고 생각합니까?					
48	성격이 모난 쪽으로 갈 가능성이 있는 영유아를 빨리 알아보고 원인과 해결 방법을 찾을 수 있다고 생각합니까?					

문항	설문내용	전혀 그렇지 않다	별로 아니다	보통이다	약간 그렇다	매우 그렇다
49	동료교사들이 성공적으로 영유아들을 지도할 수 있도록 도와줄 수 있다고 생각합니까?					
50	동료교사, 원장님과 원만하게 잘 지낼 수 있다고 생각합니까?					
51	영유아의 정신적·육체적 건강과 신호를 민감하게 알아차릴 수 있다고 생각합니까?					
52	영유아의 눈높이에 맞게 상상력이 풍부한 편입니까?					
53	어떤 생각이나 느낌을 언어나 몸짓으로 나타낼 수 있는 능력이 좋은 편입니까?					
54	가르치거나 지도하거나 상담하는 일에 흥미를 가지고 있습니까?					
55	영유아를 돌보는 일을 좋아합니까?					

*전혀 그렇지 않다 = 1점, 별로 아니다 = 2점, 보통이다 = 3점,
약간 그렇다 = 4점, 매우 그렇다 = 5점

보육교사 적성점수 산출

요인	문항수	내용	문항	요인 합산 점수
대인관계 능력	6	유아교사가 유아, 부모, 교육시설 구성원들과 다양한 인간관계를 유지하기 위해서는 전문적 역할 수행과 함께 대인관계능력이 바탕이 되어야 한다.	34, 42, 43, 44, 50, 51	
영유아에 대한	11	유아의 발달 수준을 이해하고 발달수준에 맞게 유아를 수용할	11, 25, 26, 28, 35, 36,	

요인	문항수	내용	문항	요인 합산 점수
수용성과 민감성		수 있는 연린 관점이 필요하며 유아의 여러 신호들에 대해 세심히 관찰하고 민감하게 반응해야 한다.	37, 38, 41, 49, 52	
창의성과 자기개발	11	유아와 질 높은 상호작용을 하는 것이 요구되며 이에 유아교사의 상상력과 더불어 창의성이 요구된다. 자신의 능력이나 흥미 등을 파악하여 이를 개발하고자하는 자기 성장능력이 필요하다.	6, 6, 14, 15, 21, 31, 32, 39, 53, 54, 55	
영유아에 대한 친화력	8	유아에 대한 애정과 흥미, 유아와 함께 하는 시간을 좋아하는 특성이 필요하며, 이러한 능력을 친화력이라고 한다.	7, 8, 17, 23, 24, 33, 47, 56	
영유아에 대한 안전관리 능력	5	유아 안전에 대한 지식을 가지고 있으며 이를 지키기 위한 적절한 실천을 할 수 있다.	18, 20, 19, 45, 46	
업무에 대한 소명감	10	업무에 대한 소명감 유아의 발달에 중요한 영향을 미칠 수 있다는 것을 인식하고 유아교사가 소명감을 갖는 것은 반드시 필요하다.	3, 9, 10, 12, 13, 16, 22, 27, 30, 48	
긍정적 정서	4	정서적인 상태와 수준에 따라 유아의 발달에 영향을 미칠 수 있다.	1, 2, 4, 10	

출처: 김혜경(2012). 김이정, 2013 재구성.

MEMO

PART 02

보육교사 직무 이해하기

Chapter 04

보육교사의 직무와 전문성

1. 보육교사 전문성의 요소 – 보육직에 요구되는 인간성과 전문성
2. 교사의 전문적 지식
3. 교사의 실천 능력
4. 보육교사의 책임
5. 보육교사의 하루일과

제3장에서는 보육교사가 되기 위해 필요한 자격에 대해 알아보았으나, 면허증이나 자격은 어디까지나 보육교사가 되기 위해 제도적 수준에서 필요한 최저조건에 지나지 않는다. 당연한 것이지만 면허나 자격을 취득하는 것만으로 저절로 누구라도 좋은 보육교사가 되는 것이 아니다. 이 장에서는 보육교사에게 요구되는 전문적 요건과 직무에 대해 알아보려고 한다.

1 보육교사 전문성의 요소 - 보육직에 요구되는 인간성과 전문성

1) 풍부한 인간성

아동에게 보육교사는 동경의 대상이고, 아동들은 보육교사의 언어, 행동, 사물을 보는 태도까지 전인적으로 영향을 받고 있다. 모방을 통해 배우는 아동들에게 그런 모방 대상인 교사의 인격이 얼마나 중요한지 상상하기 어렵지 않을 것이다. 이런 까닭에 보육교사에게는 아동을 끄는 인격적 매력이 요구되고 이런 매력은 인간의 내면에서부터 자연스럽게 흘러나오는 것이다.

보육교사는 보육을 실천하고 배우면서 매일의 생활 속에서 일상적으로 감수성이나 사고방식을 연마해갈 필요가 있다. 우선은 그림 4-1의 목록들을 살펴보자. 어린이집 원장들이 초임교사를 채용할

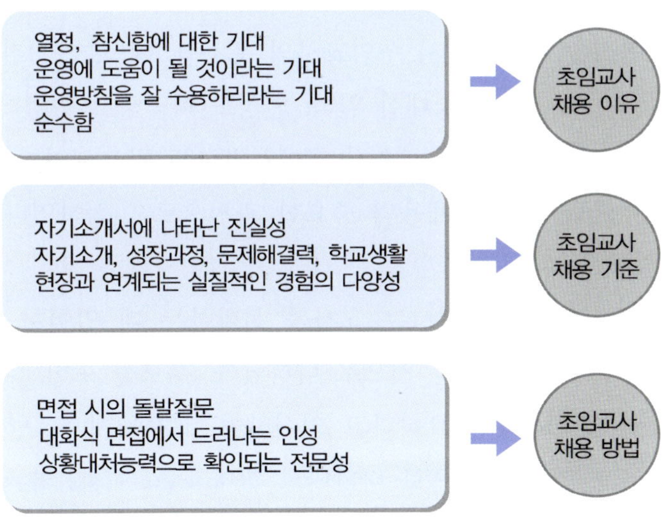

그림 4-1 **초임교사 채용 기준**

출처: 박정빈 · 권경숙 · 황은희(2016). p. 10. 표를 재구성.

때 어떤 요인을 중요하게 보는지를 조사한 논문에 기초하여 작성된 것이다. 여기에는 어린이집 원장들이 초임교사에게 바라는 보육교사상이 잘 나타나 있다.

박정빈 등(2016)의 연구 결과를 살펴보면 우선 어린이집 원장들은 초임교사를 채용하면서 초임교사의 열정과 참신함을 기대하고 있는 것으로 드러났다. 특히 초임교사가 가진 영유아에 대한 순수한 마음과 가르치는 일에 대한 열정, 영유아와 학부모를 대하는 진심 어린 마음, 무엇이든 열심히 배우려는 자세 등의 긍정적인 측면이 초임교사 채용의 이유로 주목된다.

또한 원장들은 접수된 수많은 서류들 중 특히 자기소개서를 통해 교사들의 성장 과정, 성격, 교육관, 교사로서의 자세 및 경험 등을 탐색하였다. 특히 자기소개서의 양보다는 진실성을 중요하게 생각하고 내용뿐만 아니라 자기소개서의 양식과 서술된 글의 스타일, 사진 등을 통해서 교사의 성격도 파악하였다.

그리고 어린이집 원장들은 교사 채용에 지원한 교사를 직접 대면하는 면접을 실시하면서 초임교사의 옷차림, 예의, 가치관, 성품, 영유아를 가르치는 일에 대한 열의, 인성도 파악하고 있었다. 사람의 성품은 자기소개서에 서술된 글에서만 파악될 수 없기 때문에 원장들은 면접을 교사 채용의 중요한 과정으로 인식하였다(박정빈·권경숙·황은희, 2016: 21-22).

한편 유아교육 현장에서는 교사를 선발하는 데 있어서 교사의 인성을 가장 우선시 하는 것으로 나타났다. 부모들 또한 유아교사들에게 인성이 가장 필요하다고 인식하며, 교사에게 요구하는 자질 또한 교사인성인 것으로 나타나고 있다(박영태·이경님·하수연, 2008; 서현·임지윤·박미자, 2013; 전재선, 2011).

2) 사명감

보육교사는 아동의 생명을 맡아주는 직업이다. 부모를 대신하여 소중한 생명을 맡아주는 교사는 커다란 책임을 안고 있다. 다음 세대를 책임질 아동을 키워야 하는 교육자에게 없어서는 안 되는 것이 '사명감'이다. 영어의 calling, 독일어로 beruf란 '천직'이라는 의미와 함께 '사명'이라는 의미를 가진다. 결국 '천직'이라는 말 속에는 '신에게 부여받은 사명'이라는 의미가 함축되어 있는 것이다.

교사가 자신의 직업을 천직이라고 생각하는가 아닌가는 매우 중요하다. 천직이라고 하는 의식은 사명감을 솟아나게 할 뿐 아니라, 이 사명감은 일의 충실한 수행에도 밀접하게 연결된다. 그리고 보육교사가 사명감을 가지고 하루하루의 실천에 임하는 것은 앞에서도 언급하였던 인간적 매력의 문제와 무관하지 않다. 의욕을 가지고 사명감이 충만하여 보육실천에 임하게 되면 교사의 내면으로부터 매력이 흘러나온다. 보육이라고 하는 일에 사명감을 느끼는가 아닌가, 이점은 보육교사의 요건으로서 어쩌면 가장 중요한 점일지도 모른다.

2 교사의 전문적 지식

1) 아동관

아동에 대한 지식은 아동관을 형성한다. 지난 시간 아동에 대한 수많은 연구는 우리들의 아동관을 변화시켜왔다. 수십 년 전까지 신생아는 수동적인 존재라고 생각되었다. 그러나 현재에는 외부 세계에 상호작용을 먼저 시작하기도 하고 적극적으로 상호교류를 하고 있는 능동적인 존재로 인식하고 있다.

현대는 또한 '아동의 인권사상'을 발전시켰다. 1989년 국제연합 총회에서 '아동의 권리조약(Conventions on the Rights of the Child)'이 채택되었다. 이 전문에는 '기본적 인권 혹은 인간의 존엄과 가치'를 근거로 하고 있다고 기술되어 있다. 결국 '아동의 권리조약'은 인권에 관하여 아동을 성인과 완전히 동등하다고 승인한 것이다. 그러므로 성인은 아동에 대해 인간으로서의 존엄을 인정하고 존중하지 않으면 안 된다. 이것은 보육시설의 사회적 책임이라고 볼 수 있고 그것을 충분히 이해하는 것이 보육실천의 전제가 된다.

보육에 대한 인식이나 대상 아동에 대한 전문적 지식은 보육교사의 전문적 역량을 크게 좌우하는 요소이다.

2) 아동에 대한 지식

어떠한 실천이 이루어지는가는 보육을 어떻게 이해하고 있는가에 따른다. 앞에서 보았듯이 보육이란 보육교사가 아동과 함께 살아가면서 아동과 마음을 교류함으로써, 아동 자신이 주체적으로 살아가도록 돕고, 그 결과로 전인적으로 발달하는 것을 촉진하는 일이라고 보고 있다. 따라서 보육교사는 아동을 자기 자신과 대등한 존재로서 받아들이고, 아동의 의사를 존중하는 자세를 가질 것이 요구된다. 이것은 어린이집이나 유치원에서 실천하는 보육 방법의 기본이다. 우선은 이같은 보육의 이념을 충분하게 이해하는 것을 전제로, 그것을 스스로의 실천에서 구현하는 것이 보육교사에게 요구된다.

보육은 영유아기의 아동을 대상으로 한다. 영유아기 아동의 특성인 사고방식, 생활 방식, 발달의 과정 등 영유아라는 존재의 특성에 대해 아는 것, 이른바 영유아의 세계에 대해 어느 정도 이해하고 있는가가 보육의 질을 좌우하게 된다.

영유아기의 아동이 학령기의 아동 그리고 성인과는 크게 다른 세계를 살고 있다는 것은 지금까지의 다수의 학술적 연구에 의해 밝혀졌다. 보육교사는 아동에 대한 학술적 지식을 배우고, 아동의 고유한 세계를 보다 잘 이해할 수 있어야 한다.

3) 아동 발달의 이해

보육교사에게는 아동에 대한 객관적인 지식도 반드시 필요하다. 하루하루 아동을 관찰하는 것에 더하여 심리학이나 교육학, 사회학 등의 다양한 전문적 연구에서 얻을 수 있는 지식을 아는 것도 필요하다. 교사는 그와 같은 전문적 지식을 기반으로 하루하루의 실천에 의미를 만들어 갈 수 있다.

전문적 지식은 보육교사가 실천을 하는 데서만 중요한 것이 아니다. 보호자의 상담자로서 보호자의 고민에 대응하는 경우에도 그러한 전문지식은 유효하다. 현대 도시에 살고 있는 보호자들은 양육의 고민을 상담할 상대가 마땅하지 않는 경우가 많고, 양육을 하는 과정에서 직면하는 문제의 해결을 육아 잡지나 미디어, SNS 등에서 취하는 경우가 많이 있다. 그러한 육아의 고민을 공유해 주기를 바라는 보호자에 대해서 교사는 어드바이저로서 보호자의 고민에 적절한 조언을 주는 것이 필요하다. 그런 경우 전문적인 지식을 가지고 있는 것은 매우 중요하다.

보육교사를 목표로 하는 사람은 영아기부터 유아기에 걸쳐서 다양한 단계의 많은 아동이 보여주는 발달의 특성을 배울 필요가 있다. 한 예를 들어 생각해 보자.

생후 10개월경부터 아동은 열심히 손가락으로 무언가를 가리킨다. 이럴 때 아동은 무언가 새로운 것을 발견했다는 것을 성인에게 알려주는 행위를 하고 있다고 볼 수 있다. 성인은 아동이 전달하고자 하는 느낌을 알고, 그 감동을 받아서 공유하는 것이 중요하다. 그러면 아동은 새로운 세계를 발견하고 싶은 의욕을 더 강하게 갖게 된다. 자신이 손으로 가리킨 것에 대해 성인이 대답해주는 것–'멍멍이구나' 등–을 듣고서 사물에는 이름이 있다는 것을 알아간다. 이런 것이 언어의 획득으로 연결되고 또한 성인과의 신뢰관계를 구축해가는 계기가 된다.

이처럼 아동의 발달과 그 의미를 이해하는 것을 통해, 보육교사와 아동에게 보다 좋은 상호작용이 일어나고 나아가 아동의 발달을 지원할 수 있게 된다. 단 아동의 연령, 월령을 세분해서 '몇 세부터 몇 개월의 시기에는 ~가 가능해진다'라고 하는 그 시기의 많은 아동이 보여주는 발달의 모습(표준의 발달)에 개개의 아동을 맞추어서 '가능한/가능하지 않은'이라고 판단하는 것은 옳지 않다.

발달의 모습은 많은 아동이 공통된 과정을 밟아가지만 개별 아동의 발달의 모습은 반드시 같은 것은 아니다. 표준적인 발달을 기준으로 개별 아동의 상태를 아는 것은 어느 정도 의미가 있지만 그것만으로 충분한 보육으로 연결되는 것은 아니다.

여기서 중요한 것은 개별 아동에게 일어나는 발달의 의미를 이해하는 것이다. 한사람의 아동에게 '발달한다'라고 하는 것은, 예를 들어, '지금까지 손으로 집기가 안 되었던 물건을 집을 수 있게 되었다', '자신이 친구와의 경쟁에서 이기게 되다' 그리하여 '자신이 훨씬 큰 사람이 된 것으로 인정받아, 그 친구들과의 놀이에 들어갈 수 있게 되다'라고 하는 것을 의미하고 있다. 이렇듯 아동에게 다양한 '할 수 있게 되다'가 있고, 그 하나하나에서 아동마다 특별한 의미가 따른다는 것을 아는 것이 필요하다.

보육교사는 한 사람 한 사람의 아동의 내면의 움직임을 들여다봄으로써 이 개별적인 아동에게 의미를 발견하고, 그때 그 시기에 맞는 대응(지원하는 것, 지켜보는 것)을 하는 것이 중요하다.

4) 발달이해를 도움으로 연결하기

비고츠키(Vygotsky, L. S., 1896~1934)의 '발달의 최근접영역' 이론에 의하면 개별 아동에게 맞는 적절한 대응이 있다. '발달의 최근접영역'이란 자력으로는 불가능한 것이라도 유도적인 질문이나 힌트를 주면 가능할 수 있게 되는 영역의 것을 말한다. 결국 아동에게는 '조금 더 노력하면 가능할 수 있을지도 몰라'라는 의욕을 가지게 하고, 교사는 과제를 시기에 맞게 적절하게 제시함으로써 발달을 촉진할 수 있게 된다는 것이다.

더욱이 비고츠키는 아동들 또래 간의 배움에도 눈을 돌렸다. 아동은 주위 아동들의 생각이나 행동을 보고, 배우고, 모방함으로써 가능하지 않았던 것을 할 수 있게 된다(최양미, 2014). 결국 '친구들처럼 ~할 수 있게 되고 싶다'라고 말했듯이 동경하는 존재, 조금 노력하면 따라갈 수 있는 존재가 가까이 있는 것이야말로 발달을 촉진하는 원동력이 된다. 보육교사는 한 사람 한 사람의 아동이 아동들의 집단 속에서 어떠한 위치에 있고, 그로 인해 어떤 생각을 안고 있는가를 이해할 필요가 있다.

5) 가정과의 긴밀한 연락 - 개별 아동에 대한 깊은 이해

아동은 다양한 다른 가정에서 자라고, 생활경험도 다르고, 다양한 개성을 가진 존재이다. 새로운 과제에 의욕적으로 도전하고자 하는 아동이 있는가 하면 한 걸음 내딛는 데 시간이 걸리는 아동도 있다. 다양한 친구들과 적극적으로 상호작용하는 아동이 있다면 특정의 제한된 친구들과 강한 관계를 갖고자 하는 아동도 있다. 그러므로 중요한 것은 개별 아동에 따라서 발달의 의미를 이해하는 것이다.

신발을 빨리 스스로 신으려고 노력하고 있는 형우(가명)에 대해 생각해 보자. 형우에게 '지금 자기 스스로 신발을 신으려고 하는 것의 의미'는 바깥놀이에 조금이라도 빨리 신발을 신고 나가서 친구들의 놀이에 늦지 않게 참가할 수 있는 것이다. 교사는 이 형우의 바람을 이해하고 스스로 신발을 신게 되는 과제를 달성하도록 지원할 필요가 있다. 동시에 가정에서의 상황도 파악하는 것이 대단히 중요하다. 일에 바쁜 어머니가 항상 신발을 신겨주고 아동은 점점 더 스스로 신발을 신을 기회를 가질 수 없었다. 교사가 가정에서의 형우의 모습을 어머니에게 듣고, 원에서의 형우의 노력과 그 배경에 대해 어머니에게 전달하게 되었다. 이때 보호자와 협력하여 형우가 눈앞의 발달과제를 완수하도록 지지하는 협력체제를 만들 수 있다. 이처럼 한 사람 한 사람의 아동이 안고 있는 과제, 그 배경이 되는 아동의 의미와 바람을 이해하고 가정과 긴밀한 연락을 실천함으로써 보다 좋은 아동의 성장을 지원할 수 있게 된다.

아동이 하루의 많은 시간을 보내는 가정의 상황은 다양하고 모습도 다르다. 많은 부모는 자신의 아동을 이 세상 무엇과도 대체할 수 없는 소중한 존재로 느끼고 사랑하고 자비롭게 양육하고 있다. 그러나 그 애정이야말로 아동에게 과도한 기대를 안게 하고, 간섭하고, 과하게 앞서가려 하는 등의 모습으로 나타날 수 있다. 또한 육아에 자신을 갖지 못하고 불안에 빠진다든지 학대를 하는 부모도 있는 것이 현실이다.

교사는 아동의 성장과 보육에 관해 전문성을 갖고 집단 속에서 개별 아동을 볼 수 있기 때문에 객관적인 아동의 상황을 파악할 수 있다. 또한 긴 안목으로 아동의 성장을 지켜볼 수 있는 사람도 교사이다. 발달에는 벽 혹은 마디가 있고 그 벽에 부딪히고 있는 영유아는 부모 입장에서 보면 마치 발달이 멈추어 버린 것 같이 생각될 수도 있다.

예를 들어, 얼마 전까지 자유롭게 그림 그리고, 그리는 것을 즐겁게 생각하던 영미(가명)가 돌연 도화지를 앞에 두고 아무것도 그리지 않게 되어버린 사례에 대해 생각해 보자.

주위의 상황을 의식하게 되면서 다른 친구들처럼 훨씬 더 잘 그리고 싶다는 욕구를 가지게 되고, 그 바람이 강해져서 지금까지처럼 자유롭게 그릴 수 없게 되었다고 생각할 수 있다. 어머니는 왜 자신의 아이만 그림을 그리지 못하는지 불안에 빠지고 영미를 꾸짖을지도 모른다. 그러나 이런 벽을 뛰어넘으면서 영미는 훨씬 더 크게 성장할 수 있고 지금까지보다 더 창조적인 그림을 그릴 수 있게 될 것이다.

여기에서 교사가 '잠시 멈추어 서는 것'의 중요성, '기다림'의 의미를 어머니에게 전달함으로써 어머니는 영미가 벽을 뛰어넘을 때까지 지켜보는 여유를 가질 수 있게 될 것이다. 이처럼 교사와 보호자가 소통하는 것을 통해 아동은 보다 좋은 방향으로 자기만의 다양한 속도로 계속 발달하게 될 것이고, 그리하여 벽을 뛰어넘는 큰 성장을 이끌어낼 수 있게 된다.

아동이 벽에 부딪히는 시기는 다양한데 그 벽의 높이(뛰어넘는데 걸리는 시간)도 아동에 따라서 다르다. 보호자와 신뢰관계를 쌓음으로써 가정에서의 아동의 모습을 파악하고, 보호자가 불안감을 과도하게 갖지 않도록 원에서의 아동의 모습에 대해 전달하고, 보호자와 함께 아동을 키워가는 것이 중요하다.

3 교사의 실천 능력

1) 상황에 대응하는 '판단력'

아동들은 하루하루 성장하고 시시각각 변화해 간다. 매일매일의 실천에서 보육교사는 항상 변화하는 상황에 놓여 있다. 그런 가운데서도 순식간에 상황을 파악하고 적절한 대응을 하기 위해서는 탁월한 '판단력'이 필요하다. 교사뿐만 아니라 모든 직업에서 '판단력'을 기르는 것은 프로가 되기 위해 꼭 필요한 과제이다.

'판단력'은 단순히 지식을 쌓거나 연마하는 것만으로 얻어지는 것은 아니다. '판단력'을 몸에 익히는 데에는 경험의 축적이 요구된다.

여기서 간호사의 간호기법의 숙련과정에 대해 정리한 베너(Benner, 1982: 402-407)의 연구를 참조해 보자. 베너가 묘사하는 숙련과정은 간호사에 한정하지 않고 다양한 직업의 장면에서도 잘 맞는다고 생각할 수 있다. 베너는 간호사가 기능적으로 숙달되어 가는 과정을 '초심자(novice)' – '신인(beginner)' – '적임자(competent)' – '숙련가(proficient)', '장인(expert)'의 5단계를 거친다고 말한다.

'초심자'는 주어진 업무만을 하고, 처리 가능한 범위 내의 일만을 한다. 규칙만을 충실하게 지키고 응용이 불가능하다.

'신인'에 이르면 일의 '문맥'이 보이게 된다. 전체의 흐름이나 모습을 파악할 수 있고, 변화를 통찰할 수 있다.

'적임자'는 지금 여기서 무엇이 중요한가를 금방 판단하고 전체와의 관계 속에서 결정을 내린다. 그 경우에 사물을 처리하는 순서를 만들어 갈 수 있고, 경우에 따라서는 당초의 계획을 변경하는 것도 가능하다. 임기응변의 대처가 가능하다.

'숙련가'에 이르면 작업의 전체를 보고 큰 흐름을 잡을 수 있고 그 속에 몰입할 수 있다. 대부분의 일이 무의식적으로 가능하고 필요에 따라 사태를 분석하여 바로잡거나 시점을 변화하여 전체를 바로잡는 일을 할 수 있지만, 원래의 자연스러운 흐름으로 돌아올 수도 있다.

'장인'은 '직관'이 연마되어 설명은 나중에 해 준다. '장인'의 경지에 도달한 간호사는 환자의 병상의 악화를 느끼고 의사에게 대응책을 촉구하는 경우도 있다. 이를테면 의사가 거의 절망시하고 있는 환자에 대하여 회복의 가능성을 감지하고 특별한 간호를 계속하여 회복하게 하는 경우 같은 것이다(日本保育學會, 2016, p.36).

이와 같은 '초심자'부터 '장인'에 이르는 성숙과정은 단지 간호의 세계만이 아니라 보육의 세계에서도 해당할 수 있다. 끊임없이 성장 변화해가는 아동들을 상대하는 교사도 사태를 직관적으로 파악하고 적절한 판단을 내리는 '장인'을 목표로 성장할 필요가 있다. 이러한 '판단력'은 개별적 구체적인 사태에 대응하는 실천의 축적 속에서 획득되는 것이다. 여기서 깨달음을 얻어가는 것은 단순히 경력의 햇수의 문제가 아니다.

2) 교육적 계기의 중요성

교사, 부모 등 다양한 성인들은 하루하루 아동의 성장에 관여하고 있다. 그때 '아동에게 좋은 것을 해 주고 싶다'라고 생각하는 것이 일반적이다. 이 '좋은 것'은 아동들도 좋아할 수 있는 것도 많지만, 그중에는 성인이 스스로 '좋은 것'이라고 믿고 있는 것을 아동에게 따르라고 압력을 가하는 경우도 있다. 이 같은 것을 반 마넨(Van Manen, M., 1942~)이 제기하는 '교육적 계기'라고 하는 개념에서 바라보자.

발표회를 위한 율동연습 때에, 4세의 수민(가명)이가 다른 아이들과 함께 똑같은 율동을 하는 것을 거부하는 장면을 예로 들어보자. 이런 장면에서 보육교사에게는 판단과 행위가 요구된다. 수민이에게 말을 걸어서 율동연습에 참가하도록 권유할까, 아니면 오늘은 율동연습 하는 것을 싫어하는 수민이의 의지를 받아들여서 아무 말도 하지 않고 지켜볼까, 교사는 그때 그때 판단해야만 하는 장면을 매일 마주한다.

이렇게 '성인은 눈 앞의 아동의 인격의 형성에 대해 바른(바르다고 생각되는) 판단, 어떻게 하는 것이 좋은 것인가를 즉각 판단하여 행동하는 것이 요구되는' 상황을 만난다. 이를 반 마넨은 '교육적 계기(pedagogical moment)'(Van Manen, M. 2007. p507-536)라고 명명하고 있다.

3) 교육적 계기의 특성

'교육적 계기'의 특성에는 '즉각성(immediacy of the nature of pedagogical acting)', '우발성(contingency)', '가치의 갈등(the connotation of deliberation, making deliberated choices, coming to decisions about alternative courses of action)'의 세 가지 특성이 있다.

첫째, '즉각성'에 대해 살펴보자. '율동연습에 참가하도록 말을 할까'와 '아무 말 하지 않고 지켜볼까' 그렇지 않으면 '조금 강하게 연습에 참여하도록 이끌어갈까'라고 하는 다양한 대응(행위)에 대해 갈등할 시간이 허락되지 않고 계속 시간은 흘러간다. 즉각 판단이 요구되는 장면이다. 아동과의 보육실천의 시간은 멈추어 있지 않고 움직이고 있고 교사는 멈춰서서 '천천히 생각할 수 있는' 여지가 허락되지 않는다. 이런 의미에서 '교육적 계기'에 대한 교사의 대응에는 '아동에 대한 진정성 있는 태도'가 요구된다고 할 수 있다. 원래 아동에 대해 가지고 있던 가치관에 맞추어 '무엇이 아동에게 가장 좋은 것인가'를 순식간에 판단하지 않으면 안 되기 때문이다.

둘째, '우발성'이다. 아동과 함께 하는 보육실천에서는 무슨 일이 일어날지 예측되지 않는 것이 일반적이다. 물론 교사는 '예상되는 아동의 반응'을 미리 생각하여 보육계획을 세우고 보육에 임해야 한다. 그런데 그 가운데서도 예상 외의 사태와 마주하고, 그것이 '교육적 계기'가 된다. 실제에는 그와 같은 사태가 빈발하는 것이 보육실천의 특성이라고 말할 수 있다. 게다가 '교육적 계기'에 대한 대응은 매뉴얼을 갖는 것도 불가능하다. 개개의 아동의 존재 모습, 교사의 모습, 주위의 환경은 다양하고 항상 달라서 같은 상황은 한 번도 찾아오지 않기 때문이다.

셋째, '가치의 갈등'이라고 하는 측면에서 생각해 보면 '보육의 양면성'이라는 문제가 부상된다. '지금 현재의 아동의 모습'을 인정하고 받아들일 것인가, 그럼에도 불구하고 '미래에 되기를 바라는 아동의 모습'을 바라보고 아동 지도 혹은 작용을 할 것인가, 이러한 상반되는 가치에서 분열되는 상황은 교육의 현장에서 종종 마주하게 된다.

또 다른 예를 들면, 매일의 상황에서 만나게 되는 점심식사 때의 편식하는 습관이다. 아이가 먹고 싶어 하지 않는 음식을 먹지 않도록 허용할 것인가, 아니면 조금이라도 먹게 함으로써 건강을 도모하게 할 것인가 등 크고 작은 갈등에 직면하게 된다. 따라서 교사는 어떻게 하는 것이 보다 아동을 위하는 것인가를 즉각 판단하고 대응해야 한다.

반 마넨에 따르면, 생각할 겨를이 허용되지 않는 상황에서 보다 '아동에게 좋은 방향으로 판단하고 행위할 수 있는' 교사를 훌륭한 교사라고 부를 수 있다고 한다. 이런 풍부함은 아동에 관한 지식과 보육기술을 익히고, 매일 실천에서 마주하는 '교육적 계기'에 따라 성찰하고, 기록하고, 그것에 대해 동료와 대화를 쌓아감으로써 익혀가는 것이라고 말할 수 있다. 그것이 곧 아동에 대한 이해이고, 나아가 보육교사의 성장으로 연결되기 때문이다.

4 보육교사의 책임

1) 아동의 프라이버시의 존중

교사에게 '비밀유지의 의무'는 중요한 의무이다. 보육교사로서 매일의 활동을 운영하는 가운데 아동의 성장이력이나 가정의 상황 혹은 아동의 신체의 문제 등, 프라이버시에 관한 정보를 알게 되는 기회가 많을 것이다. 당연히 이러한 정보는 비밀사항이고 무심하게 소문을 내는 것을 피하도록 세심하게 주의를 기울여야 한다.

2) 모든 아동에 대한 공정성의 의무

교사에게 아동과 상호작용할 때의 '공정성' 또한 지극히 중요한 요소이다. 아동들을 평등하게 대하고 평등하게 사랑하는 것이 교사의 책무이다. 아동들을 공평하게 사랑하고, 아동들의 가능성을 믿는다는 것은 단지 화려한 미사여구가 아니다. 교사가 무의식의 수준에서 가지고 있는 아동에 대한 기대는 아동들에게 전달되고 실제로 아동의 성장에 영향을 미치는 것이 심리학 실험에서도 명백하게 드러나고 있다. 로젠탈(Rosenthal, R., 1933~) 등에 의해 발견되었던 '피그말리온 효과'가 그것이다. 피그말리온이란 그리스 신화의 등장인물이다. 피그말리온은 자신의 이상을 담아 조각한 조각상에 사랑을 느끼고 인간이 되기를 희망하고 그 소원을 비너스에게 이루어달라고 했다. 그의 간절함이 받아들여져 상아로 만든 조각상은 진짜 여인이 되어 실제 사랑을 이루었다는 신화 속 이야기이다. 심리학 실험에 의하면 이 신화처럼 교사에게 기대를 받는 아동은 성적이 향상되고, 반대로 교사로부터 기대를 받지 못한 학생은 그러한 향상이 없었다고 한다. 교사가 가지고 있는 아동의 인상, 태도가 어느 정도로 아동들에게 직접 영향을 미치는가가 이 실험에서 명백하게 드러난다. 단순히 이상론이 아니라 현실적인 문제로서, 보육교사는 아동들을 대등하게 사랑하고 아동들의 성장을 믿어주어야 한다.

3) 아동의 있는 그대로의 모습을 바라보는 안목

앞서 전문적 지식을 갖는 것은 교사에게 중요하다고 말하였다. 그러나 지식에 얽매여서 있는 그대로의 아동을 관찰하는 것을 게을리 해서는 안 된다. 그것은 가장 피해야 할 일이다. 교사는 끊임없이 지식을 실천 가운데서 살아 숨쉬게 해야 한다. 때에 따라서는 지식보다도 경험에 기초하여 스스로의 판단을 믿을 필요가 있다. 베너의 분류에서 '장인'의 경지에서 알 수 있듯이, 지식과 경험을 모두 겸비하고 갖춘 사람은 일상적으로 자신의 눈을 믿고 직관적으로 현상을 파악하고, 그곳에서 최고의 답을 고를 수 있게 된다.

5 보육교사의 하루일과

'보육교사'라는 전문직의 업무 내용은 다양하다. 교사의 하루의 직무에 대해 알기 위해 보육교사가 근무하는 어린이집, 유치원에 대해 교사의 직무의 내용을 알아보도록 하자. 이를 통해 보육의 현장에서 일하는 교사의 이미지를 그려보자.

1) 어린이집

어린이집은 「영유아보육법」의 규정에 기초하여 설치된 아동시설의 하나이다. 보호자의 위탁을 받아 영유아를 보호·양육하고 영유아의 발달특성에 맞게 교육을 제공하는 기관이다. 보육시간은 보호자의 요구에 기초하여 대체로 12시간이 된다.

어린이집에서는 영유아가 무리하지 않고 가정과 같은 분위기에서 안정된 생활을 하도록 배려하고 있다. 교사가 공동으로 아동을 '보육'하는 체제로 조직되어 있고, 특히 아동의 심신 상태 등에 관한 정보전달, 인수인계는 극도로 세심하게 배려할 필요가 있다.

교사의 하루는 표 4-1과 같이 흘러가는 것이 일반적이다.

표 4-1 어린이집 보육교사의 하루 일과

시간	주요일과
07:30~09:00	등원
9:00~10:30	오전 실내 · 외 자유선택활동 및 오전 간식
10:30~12:30	대 · 소집단 활동
12:30~13:30	손 씻기와 점심식사, 이닦기
13:30~1430	휴식 및 낮잠
14:30~16:30	오후 실내 자유선택활동 및 오후간식
16:30~18:00	실외자유선택활동
18:00~19:30	귀가하기

어린이집에서는 대략 0~3, 4세 아동들이 낮잠을 잔다. 아동이 낮잠을 자는 동안 교사는 표에서 보여주는 것 외에도 보육일지의 기입, 보육실 등의 청소, 회의, 행사의 계획·준비, 다른 기관과의 연락 등 다양한 일을 하고 있다. 아동이 장시간에 걸쳐 생활하고 있기 때문에 전원이 참여하는 직원회의는 일과 중에 하기 어렵다. 직원회의는 정보교환이나 의사통일을 위해 중요한 기회이기 때문에 아동의 하원 후에 월 1회나 2회 정도 이루어지는 경우가 일반적이다.

현재에는 개별적 배려를 필요로 하는 영유아나 가정에 대한 지원을 위해서 타 기관과의 협력체제를 꾸리는 것이 중요시되고 있다. 또한 아동의 보호자에 대한 상담과 협력도 교사의 중요한 업무의 하나이다.

다음 표 4-2는 보육교사의 직무영역을 나타낸 것이다.

표 4-2 어린이집 보육교사의 직무영역 및 직무구분

직무영역	직무구분
교수, 학습준비	보육계획, 교재 교구 준비, 환경구성, 수업준비, 수업협의
교수 학습실제	등하원지도, 놀이지도, 생활지도, 상호작용, 활동 운영, 현장학습지도
교수 학습평가	유아 평가, 수업(교사)평가, 프로그램평가
전문성 신장	연수참여, 참관, 연구 관련 활동, 장학, 전문가로서 활동
유아보호 관련 업무	건강, 청결, 안전
학부모 관련 업무	부모와의 연계, 부모상담, 부모교육, 가족지원
행사 관련 업무	행사 준비, 행사 진행, 행사 마무리
사무 관련 업무	문서작성, 문서관리, 사무관리, 물품관리, 운영관리
대인관계 및 사회적인 업무	대인관계, 지역사회와의 관계

출처: 김은영 · 권미경 · 조혜주(2012).

한편 2020년부터 새롭게 시행되는 보육지원체계에서는 하루 중에 과도한 업무시간과 휴식시간을 갖기 어려운 교사의 근무여건을 개선하여 보육지원을 합리화하였는데 그 주요 내용은 다음과 같다.

어린이집 12시간(07:30~19:30) 운영 원칙은 유지하면서, 어린이집 보육시간(과정)을 2개의 시간으로 구분하여, 모든 영유아에게 적용되는 '기본보육시간'과 기본보육시간 이후 돌봄공백이 우려되는 영유아에게 적용되는 '연장보육시간'으로 구분하였다. 특히 연장보육시간에 안정적인 보육이 제공되도록 전담교사를 배치한다.

기본보육과 연장보육으로 구분하고, 연장보육 전담 교사를 배치할 경우 영유아에게는 낮 근무로 피로한 당번교사가 아니라 고정된 전담교사가 돌봄으로써 안정감 및 보육질을 향상할 수 있고, 부모에게는 연장보육이 필요한 부모가 안정적으로 연장보육 서비스를 이용할 수 있어 어린이집 입장에서도 장시간 보육 운영 부담을 완화하게 된다. 무엇보다 교사입장에서는 업무 부담 및 근무환경 개선의 효과를 누릴 수 있게 되었다.

2) 유치원

유치원은 교육부 관할의 교육기관이다. 따라서 그 설립의 목적도 '유아를 교육하고 적절한 환경을 제공하여 그 심신의 발달을 조장하는 것'이라고 「교육법」에 명시되어 있다. 어린이집에 비교하면 보다 교육적 관점이 중요시 되고 있다.

유치원에서의 교사의 하루의 흐름은 표 4-3과 같다. 4시간의 보육시간이 표준이지만 최근에는 보호자의 요구에 의해 종일반을 운영하고 있는 원이 늘어나고 있다. 또한 사립유치원에서는 원아를 위해 버스 운행이 교대로 이루어지고 있는 경우도 많다.

최근에는 부모가 되기까지 영유아와 접하는 경험이 없는 보호자가 적지 않다. 유치원 입원 시에 기저귀를 떼지 않고 온다든지,

표 4-3 유치원 교사의 하루일과

시간	주요일과
07:30~10:00	등원 및 자유놀이
10:00~10:20	오전간식, 화장실 가기
10:20~12:00	대·소집단 활동, 바깥놀이 등
12:00~15:00	손 씻기와 점심, 낮잠(만5세반은 낮잠 없음)
15:00~16:00	정리정돈, 귀가
16:00~19:30	종일반 자유놀이, 동화, 귀가

젓가락을 쥐지 못하는 아동 등 훈육면이나 생활습관면에서도 교사가 대응해야 하는 경우가 많이 있다.

아동이 하원한 후 교사는 표 4-3의 일과 이외에도 서류작성(교육일지, 유아관찰일지, 원소식, 이야기 나누기 자료), 교사회의, 그 외에도 부모상담, 간담회, 부모회의나 지역 초등학교와의 협력 등 다양하게 걸쳐 있는 일을 안고 있다. 또한 여름방학 등의 방학에는 원외연수나 환경정비(풀깎기, 창고의 청소, 소독 등), 전 학기의 기록 작성, 다음 학기의 교육계획 등의 업무가 있다.

타 기관과의 연락이나 '부모지원'은 유치원에서도 최근 점차로 중요해지고 있다.

활동하기

1 보육교사가 되기 위해 준비하기

1) 보육교사가 되기 위해 무엇을 준비해야 한다고 생각하는가?

2) 아이들은 어떤 선생님을 원할까?

2 스스로 면접관이 되어 교사를 선발하는 기준을 만들어보자.

1) 내가 면접관이라면 예비교사에게 무엇을 질문하고 싶은가?

2) 면접심사 채점표를 완성해 보자.

면접심사 채점표(예시)

채점자명
응시자명

구분	채점항목	채점	배점	심사점수
1	태도 및 자질	성실, 겸손, 감사, 인사, 적극성, 몸짓, 표정	30	
2	대인관계	부모관계, 교사관계	30	
3	경력	신입교사	20	
4	전문적 지식	아동발달, 표준보육과정	10	
5	기타	거리 근접성, 제출서류(성적 등)	10	
총점			100	

예시를 참고하면서 다음의 비어 있는 각 항목에 채우고 싶은 내용을 자유롭게 완성해 보자.

면접심사 채점표 채점자명 응시자명				
구분	채점항목	채점	배점	심사점수
1				
2				
3				
4				
5				
총점			100	

출처: 경제 인문사회연구회 편(2016). p.281.

3) 실제로 면접 상황을 역할연기해 보고 소감을 이야기해 보자.

3 만일 주위에 보육교사가 되고 싶어 하는 후배가 있다면 어떤 조언을 해 주고 싶은지 다음에 적어보자.

보육교사가 되고 싶어 하는 후배에게 전하는 조언

MEMO

Chapter **05**

보육교사 업무

1. 보육계획에 기초한 보육의 실천
2. 하루일과 계획하기
3. 보육실천의 성찰, 평가
4. 교직원 간의 신뢰관계의 중요성

보육은 육아와는 다르다. 전문적 지식과 기술을 갖춘 전문가가 실행하는 것이다. 보육교사는 부모와 같은 시선으로 아동을 바라보면서도 한 사람 한 사람의 아동의 발달에 바른 길을 만들고, 계획적으로 목표를 설정하고 건전한 발달을 조장하는 환경이나 활동을 준비해야 한다.

보육은 '목적을 가진 의도적인 행위'이다. 그래서 보육실천의 첫걸음은 '보육의 계획을 수립하는 것'이다. 보육·교육의 목적은 '영유아의 몸과 마음이 조화롭고 건강하게 발달하는 것'이라고 할 수 있고, 이 목적을 달성하기 위해 아동의 발달 과정을 관통한 계획성이 요구되는 것이다. 보육 목적의 실현은 매일의 보육실천의 축적에 있는 까닭에 그것을 직접적으로 규정하는 지도계획의 작성에는 특히 보육교사의 전문적 역량이 요구된다. 인간성이 좋은 교사도 중요하지만 전문가로서 실력을 쌓아 실천에 적용하는 능력 또한 중요한 것이다.

이 장에서는 구체적인 보유계획의 수립을 목표로 하기보다는 보육계획의 의미와 실천 그리고 성찰의 중요성을 이해하는 것을 목표로 한다.

1 보육계획에 기초한 보육의 실천

보육의 계획과 관련된 전문성이란 무엇일까?

보육의 실천을 하나의 과정으로 보고, 그 과정을 구성하는 요소로서의 보육계획의 의미와 내용을 살펴보자.

1) 보육계획의 의미

전미유아교육협회(NAEYC, 1997)는 교사에게 다음과 같은 자세를 요구한다.

> "실제로 교사에게는 무엇보다도 우선 아동을 이해하는 것이 필요하다. 그 다음에는 아동에 대한 이해에 기초하여 학습을 계획하고, 실행할 수 있는 실천력이 필요하다."

보육계획을 세우는 것은 '아동의 미래의 모습을 상상하여 그리는 것'이다. 아동들은 지금 현재를 열심히 살아감으로써 새로운 미래를 만들어간다. 그리고 스스로 자란다. 보육교사는 이러한 아동의 삶에 동행하여 아동의 자기성장을 지지하고 촉진한다. 아동의 자기성장을 지지하기 위해서 보육교사는 그 미래를 실현하기 위해 도움을 생각해야 한다. 이와 같이 아동이 현재의 원 생활을 토대로 내일의 원 생활에서 어떠한 사람이 되려고 하는가, 내일은 어떠한 생활을 전개할 것인가를 생각하면서, 아동의 자기실현을 지지해야 한다. 이러한 작업이 바로 보육교사의 전문성이다.

여기에서 유의해야 할 것은, 아동의 미래의 모습을 생각하고 그려보는 것이 보육교사가 아동의 생활을 결정하는 것은 아니라는 점이다. 보육교사가 아동의 생활을 결정한다면 아동 자신의 생활의 다양성은 위축되고 한정될 것이다. 다양성이 감소하는 만큼 보다 빈곤한 것이 될 것이다. 본래 주체로서의 모든 인간은 잘 살아가는 방법을 예상보다 스스로 잘 알고 있다. 아동은 보육교사의 예상을 넘어서 창조적으로 살아가기 때문에 풍부한 체험을 하고, 그 안에 풍부한 성장이 있는 것이다. 따라서 보육의 계획을 세우는 것은 아동의 생활의 다양성을 감소시키는 것이 되어서는 안 된다. 그렇지만 한편으로 계획이란 가능성이나 다양성을 한정하는 것이라고 말할 수 밖에 없다.

다양성을 한정시키면서도 다양성을 감소시키지 않으려고 한다는 모순을 안고 있는 데에 보육계획의 어려움이 존재한다. 이와 같은 모순을 감소시키는 방법은 무엇이 있을까?

보육실천에서는 보육교사가 예상하지 못한 사건이나 활동이 종종 발생한다. 보육교사가 그것에 휘둘리지 않고 적절한 도움을 하기 위해서는 그 날의 원 생활에서 무엇을 중요하게 여기는가, 즉 '생활의 핵심'을 파악해두는 것이 필요하다. 생활의 핵심이란 그 날의 생활에서 아동들이 체험하기를 바라는 일이고 아동의 성장에서 중요한 것이다. 아동들의 생활에서 예상 외의 활동이 일어나도 생활의 핵심이 명확하다면 보육교사는 상황의 변화에 예민하게 대응할 수 있을 것이다. 그 결과 아동이 주체가 되어 살아가는 실천을 보장하는 것도 가능해진다.

2) 보육계획의 전체구조

커리큘럼(curriculum)이라는 교육 용어는 라틴어의 쿠레레(curere, 달리다)를 어원으로 하고 진로나 항로를 의미한다. 우리말로는 '교육과정'이라고 번역한다. 그 정의를 보육에 적용하여 보면, 보육시설에서 보육교사가 조직하여 아동이 체험하는 '보육체험의 총체'라고 말할 수 있을 것이다. 현재 보육을 담당하는 시설에서는 국가가 제시하는 법이나 '표준보육과정'에 준거하여 연령의 전체를 아우르는 종합적인 계획을 수립하고 있다.

전체적인 계획, 보육과정이란 아동이 입학할 때부터 졸업하기까지 원의 목표를 향하여 어떤 시기에 어떤 순서로 무엇을 경험하고 무엇을 배울까에 해당하는 아동의 주체적인 활동을 편성한 원 독자의 계획이다. 대개는 원의 설립시기에 편성된다. 이념이나 방침을 핵심으로 하면서 해당 연도에 전직원이 참여하고 사회의 동향이나 지역의 특성, 보호자나 아동의 요구에 대응하면서 수정해 간다.

보육과정을 보다 구체화한 계획으로 '보육계획'이 있다. 보육은 초등학교 이상의 교육과 달리 아동의 있는 그대로의 생활이나 활동을 통해 주체적으로 체험하고 배우는 과정을 중시하는 경영이다. 보육계획은 보육교사가 예상(가설)하여 설계한다. '지도안'이라고도 불리는 계획이고, 실천할 때는 유연하게 운영할 것이 요구된다.

보육계획은 주로 담임인 보육교사가 아동의 상태에 따라서 하루하루의 보육을 어떻게 실천해갈까를 구체적으로 작성한 것이다. 장기적인 보육계획으로는 1년간의 아동의 발달을 내다보는 '연간 보육계획'이 있다. 이는 학년, 반이 무엇을 목표로 하고 그 달성을 위해서 언제 무엇을 어떻게 경험할 것인가의 계획이다. 여기에는 아동의 생활에 흐름이나 변화를 가져오는 원의 행사도 적절히 배치한다. 계절이나 반의 성장을 절기로 나누어 만든 '기간 보육계획(기안)', 혹은 한달의 '월간 보육계획(월안)'도 장기적 보육계획에 속한다.

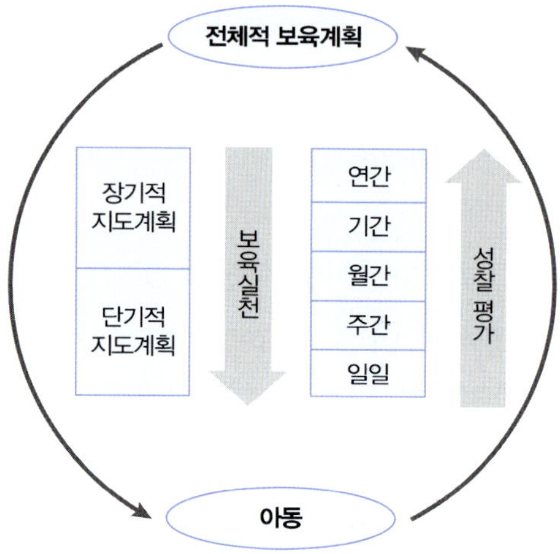

그림 5-1 **보육과정의 구조**

단기적 보육계획으로는 주단위의 '주간보육계획(주안)', '1일보육계획(일안)'을 순차적으로 작성하여 아동과 함께 실천한다. 그림 5-1은 커리큘럼의 전체 구조를 보여주는 것이고, 보육교사가 매일 작업하는 일일보육계획안은 보육계획의 말단에 자리하고 있다. 결국 담임은 숨가쁜 하루하루의 일과 속에서 일일계획안을 작성하는 것이다. 입안할 당시에는 상위에 있는 법령이나 '편성 지침'을 반영하고, 원의 전체적 계획, 보육과정을 의식하는 것도 잊어서는 안 된다.

표 5-1 **장기 보육계획의 예**

계절	주요개념	주제	절기 및 행사	행사
봄	•새로운 환경에 잘 적응하여 어린이집 생활에 즐거움을 느낀다. •봄이 주는 변화에 관심을	•특별한 시작 •나들이 •사랑하는 사람들	-삼월 삼짇날(4/15) -한식(5/12)	-적응기간 -부모모임 -체력검사 -소방대피훈련

계절	주요개념	주제	절기 및 행사	행사
	가지며 자연과 친숙해진다. •나와 가족, 선생님, 친구와의 관계를 통해 공동체의 소중함을 느낀다.	•봄의 동식물		-현장학습 -건강검진 -부모참여수업 -현장학습
여름	•여름날씨 변화를 통해 달라지는 사람들의 생활과 자연의 변화를 느낀다. •여름철 자연에서 접할 수 있는 곤충, 소리, 색깔 등을 경험한다. •여름을 시원하고 건강하게 즐긴다.	-튼튼한 몸 -여름 숲속 -햇볕은 쨍쨍 -물놀이	-안도(6/15) -유두(7/24) -칠월칠석(8/15)	-소방대피훈련 -한여름밤의 가족음악회 -교사연수
가을	•자연변화를 통해 나타나는 자연의 아름다움을 느낀다. •수확의 기쁨을 통해 풍요로움을 느끼며 감사의 마음을 갖는다. •추석을 통해 전통적인 생활 풍습과 양식을 익힌다.	-높은 하늘(우주) -깊어가는 가을 -낙엽 -풍성한 먹거리	-추석 -중양절	-현장학습 -부모모임 -현장학습 -어울림 한마당 -부모참여수업 -소방대피훈련
겨울	•날씨가 추워짐에 따른 생활의 변화 및 동식물의 변화를 안다. •이웃에 관심을 가지고 고마운 분들께 감사의 마음을 가진다. •지난 한 해를 마무리하고 새로운 환경에 관심과 기대를 가진다.	-얼음 -고마운 사람들 -새해 -초등학교	-동지 -설날 -정월대보름	-감사의 날 -체격검사 -김장 -졸업사진 촬영 -입학식

출처: 일본 야마구치 부설 유치원의 연간 계획안(하정연 외, 2012).

표 5-2 단기지도계획의 예

시간	보육내용
7:00	등원, 교사와의 만남
7:30~9:15	자유놀이, 간식준비, 작업, 기념일이나 축제와 연관된 활동
9:15~10:00	정리정돈, 리듬 있는 놀이
10:00~10:20	아침모임, 실외옷입기, 신발갈아신기
10:20~11:45	정원에서 자유놀이, 모래밭, 공놀이, 줄넘기 등 화단가꾸기, 풀베기, 밭가꾸기, 춥거나 가벼운 비가 오는 날씨에는 공원산책하기, 손 씻기
11:45~12:00	동화모임, 1~2주일 내내 같은 이야기를 들려준다.
12:00	귀가, 학부모가 직접 데려간다.

출처: 발도르프 유치원의 일과운영의 예(하정연, 2003).

3) 보육과정, 운영과 보육실천

다음의 요소는 '보육실천'이다. 아동의 발달이 어떻게 이루어져 가는지는 실천의 질에 달려 있다. 보육실천에서 교사가 어떻게 아동과 상호작용하고 도움을 주는가는 보육의 주요한 내용이다.

보육에서는 아동의 주체성이 중시된다. 그러나 아동이 주체적으로 활동하는 생활을 만들어 가도록 보육교사가 상호작용하는 것은 쉬운 일이 아니다. 보육교사의 의도가 강하게 드러나면 그 생활은 보육교사에 의해 만들어지는 것이 되고 아동의 주체적 생활이라고 말하기 어려워진다. 반대로 아동의 주체성을 존중하는 나머지 아동의 성장을 위한 작용을 하지 않고 아동들을 자유롭게만 놀게 하는 것만으로는 아동들의 건전한 발달을 촉진하는 것이 될 수 없다. 보육실천은 아동의 주체성과 보육교사의 주체성이 함께 발휘되면서, 함께 원 생활을 운영하는 것이다. 보육교사는 아동의 주체성을 이끌어내기 위하여 어떻게 상호작용할 것인가를 물어야 한다.

거기에 실천의 어려움, 결국 보육교사의 전문성이 있는 것이다.

보육계획을 입안하는 것은 교사이고 보육의 주체는 아동이다. 실천에서는 반드시 계획대로 해야 하는 것은 아니다. 왜냐하면 아동은 발달의 개인차가 커서 지금까지의 경험의 유무나 흥미관심의 정도가 다르기 때문에 어느 정도 예측은 가능하지만 전부 그대로 계획대로 가는 것은 아니다. 실천할 때 눈앞의 아동의 모습을 보고 계획에 고집하는 것이 아니라 유연하게 계획을 변경, 조정, 개선하여 가는 것이 중요하다.

각각의 원에서 창의적인 노력으로 보육과정의 독자성이나 유연성을 살리고, 보다 창조적인 보육을 실천하는 교사가 되기 바란다.

2 하루일과 계획하기

1) 보육관에 따른 일과 구성

무언가의 계획을 세울 때, 대개는 실현하고자 하는 것(목적)이 있고, 그를 위해서 어떻게(방법), 무엇을 하면 좋을까(내용)를 생각할 것이다.

예를 들어, 당신이 '놀이공원'에 가서 많은 놀이기구를 즐기고 싶다'(목적)라고 생각한다면 놀이공원의 놀이기구를 좋아하는 친구를 찾고, 서로에게 좋은 날짜와 시간, 타고 싶은 놀이기구 등을 상의하여 어떤 놀이공원에 갈까를 결정할 것이다. 그러나 '아무개와 함께 즐거운 시간을 보내고 싶다'(목적)고 생각할 경우 그 상대가 놀이공원은 고생이라고 생각하는 사람이라면 어떻게 할까? 서로가 좋아할 것을 상의하여 그 결과 영화감상을 할 수도 있고, 스포츠나 등산을 할 수도 있다. 주 목적을 어디에 두는가에 따라서 그 내용은 변할 수 있다.

보육계획의 작성도 실현하고자 하는 것(목적)이 있으면 그를 위해 어떠한 방법이나 내용이 좋을까를 생각하는 점에서 기본적으로는 일상의 다양한 계획을 세우는 것과 비슷하다. 다만 보육의 경우 함께 지내는 사람이 '영유아기의 아동들'이란 점이 전제가 된다. 그리하여 그 아동들과 무엇을 중요하게 생각하면서 어떻게 살아가고자 하는가의 생각을 실현하는 것이 기본이다.

예를 들어, '아동들과 즐거운 원 생활을 보내고 싶다'(목적)라고 생각하고 있다고 해 보자. 당신은 '즐거운'이라는 단어에서 어떠한 '즐거움'을 그리고 있는가? 놀이공원처럼 뭔가를 보육교사가 준비하고 아동들은 그 준비된 것 중에서 (탈것을 즐기듯이) 골라서 즐기는, 그런 즐거움인가? 입학초기 아동의 불안감이 강한 시기처럼 우선은 아동들에게 어린이집이나 유치원이 즐거운 장소라는 체험을 하게 해 주고 싶은 시기라면, 그러한 즐거움의 방식도 좋을지 모른다. 그러나 항상 성인이 준비하여 준 즐거움을 체험하는 것만 계속되는 그런 원 생활을 바라는가? 그래도 조금 질이 다른 즐거움을 체험하길 바라는가?

예를 들어, 아동이 스스로 규칙을 정해서 놀이를 즐기게 한다든지, 시행착오를 거쳐 큰 모래산에 터널을 판다든지, 나름대로 놀이를 위한 도구를 만든다든지, 때로는 의견이 부딪히거나 좌절도 경험하면서 극복해 가는 맛을 알고 자율감이나 성취감을 수반한 즐거움을 경험하도록 원 생활을 아동들과 함께 만들어가고 싶지는 않은가?

2) 보육관의 수립

무엇보다 원에서의 생활은 즐거움만으로 끝나는 것은 아니다. 목적을 가지고 그것을 실현하는 방법은 여러 가지가 있고, 아동들의 연령이나 시기에 따라서도 다를 것이다. 또한 다양한 목적을 복합적으로 가지고 있는 경우도 있을 것이다.

무엇보다도 중요한 것은 자신이 보육교사로서 아동들과 어떻게 살아가고자 하는가의 '보육관'을 확실하게 스스로 수립해야 한다는 점이다. 그러한 생각은 지금 단계에서는 바로 보일 수 있는 것은 아니다. 그렇기 때문에 대학이나 실습에서 배우고, 자신만의 확실한 가치관으로 수립해 가야 한다. 그리고 그 생각을 현장에서 실현시키기 위해 장기적 계획을 수립하고 눈앞의 아동들의 모습에 맞추어 단기적 계획을 작성하여 보육을 이루어가는 것이다.

보육교사로서 자신의 '보육관'을 확실하게 만드는 작업은 보육교사가 된 후에도 계속되어야 한다. 그리고 때때로 그 생각을 구체적으로 실천할 수 있는가 등을 멈추어 서서 스스로에게 물어 보고 바로 잡아가는 것이 보육교사로서의 성장에 필수적이다.

3 보육실천의 성찰, 평가

아동들과 실제 생활하는 장면에서 보육교사는 순간의 판단으로 아동을 지도하고 돕는다. 그러한 지원은 보육교사로서의 종합적인 판단으로 이루어지는 경우가 많다. 그 판단이 보다 적절한 것이기를 바라는 마음은 모든 보육교사의 바람일 것이다. 따라서 지금부터 보육교사의 성찰을 다루어보자.

1) 아동이 돌아간 후

시시각각 적절하게 판단할 수 있는 힘을 키우기 위해서는 보육의 장면을 성찰하는 것이 중요하다. 한 사람 한 사람의 아동을 돌아보고, 그 아동의 체험의 의미를 생각하고, 환경이나 교사의 지원이 아동에게 어떠한 의미를 가지는 것인가 등을 고찰하여 이것을 다음의 보육으로 연결해야 한다.

아동이 돌아간 후 그 날의 보육이 끝나면 우선 큰일했다고 안심하는 것은 당연하다. 그런데 중요한 것은 거기서부터다. 아동과 함께 있는 순간은 자신이 하고 있는 것을 반성한다든지 생각할 겨를이 없다. 아동 속에 들어가서 몰입되어 한 순간도 남아 있지 않다.

아동이 돌아간 후에는 아침부터 일어난 일들이 생각난다. 웃으면서 얼굴이 뜨거워지는 순간도 있다. 행동을 해버린 바로 뒤 진땀이 흐르는 경우도 있다. 하지 말았어야 했던 것을 하고 말았다는 것을 아이의 얼굴이 보여주는 경우도 있다.

중요한 것은 다음이다. 반성을 쌓아가는 사람은 진정한 보육교사가 될 수 있다. 그리하여 다음날은 일보 더 진보하는 보육교사로 다시 아동 속으로 들어갈 수 있다.

조금 긴 안목으로 아동의 변화모습을 돌아보면서 그 아동의 행위의 의미를 알 수 있게 되거나, 자신이 했던 지원의 의미가 보이는 경우도 많다. 이와 같은 때 기록은 중요한 의미를 가진다. 하루하루의 기록을 통해 그 당시 아동의 모습이나 자신의 상호작용을 돌아보는 것이 가능하기 때문이다. 아동이나 보육에 대해서 기록하고, 스스로 계속 성찰하는 것이 보육교사의 성장으로 연결된다.

2) 보육을 성찰하는 것이란

보육은 계획을 실천에 옮겨서 유연하게 전개하고 그것으로 끝나는 것이 아니다. 만일 보육이 끝난 후 돌아보기의 시간이 없다면 우연적인 일회성으로 끝날 가능성이 높다. 따라서 실천 후의 성찰은 계획 입안보다도 세밀하게 이루어져야 할 필요가 있다. 계획대로 되지 않았던 것은 무엇 때문일까, 아동의 흥미, 관심은 어디에 있었던 것인가, 환경구성에서 준비나 순서에 문제가 있었나, 반대로 계획대로 된 것은 무엇 때문이었을까, 아동의 반응을 따라가면서 진행되었던가, 왜 보육을 예상대로 진행하지 못했을까 등 자신의 보육을 돌아보는 성찰에 의해 교사로서의 힘을 키워나갈 수 있다.

원의 보육이념이나 목표에 기초하여 세워진 계획이 보육실천을 통하여 어떻게 전개되었나, 또한 목표가 실현되었다고 할 수 있는가, 자신의 보육을 비판적·반성적·객관적으로 음미한다. 단지 과거의 돌아보기만으로 끝나지 않고 성찰의 결과를 내일의 보육으로 연결하는 관점을 가지는 것, 결국 미래를 바라보면서 나아가는 평가가 교사의 전문성을 높이기 위해 없어서는 안 되는 중요한 작업이다.

보육교사가 성찰할 때, 우선 그 장면에서 아동의 모습을 생각하고 아동의 소리를 떠올리려고 시도한다. 아동은 어떤 표정으로 활동하고 있었는가, 마음으로부터 즐기고 있었는가, 이 활동을 아동은 어떻게 생각하고 있는가 등이다. 이러한 반성적 시점에 섬으로써 새로운 발견이나 내일을 위한 구상이 생길 수 있다.

하루하루 성찰을 쌓아가는 보육교사의 자세야말로 이상적 자세라는 것은 시대를 초월하여 지금도 변하지 않는다.

3) 성찰의 방법, 기록하기

성찰은 일반적으로 '기록하기'를 통해 이루어지는 경우가 많다. 개인의 머리속 생각만으로도 성찰은 가능하지만 그것만으로는 애매한 채로 끝나고 만다. 하루하루 다양한 일이 일어나는 보육은 개인의 기억만으로 그쳐버리면 곤란할 뿐 아니라 제3자의 의견도 구하기 어렵다. 보육을 기록하는 것은 자신의 보육을 문자로 가시화하는 것이다. 하루를 돌아보면서 기록하고 있는 '그 때'는 자신의 보육을 객관화하는 '때'이고, 아동의 언행에 대해 내면적 이해를 시도하는 '때'가 된다.

또한 교사 측에서는 '이것은 반드시 기록으로 남기고 싶다', '보호자에게 이 아동의 모습을 전달하고 싶다', '보육교사 동료와 함께 아동의 성장이나 보육의 방식을 생각해 보고 싶다' 등의 마음이 들 것이다. 결국 '기록을 하는 행위' 자체가 자신의 보육을 구체적으로 돌아보고 성찰하는 방법 바로 그것이다.

자신의 보육을 언어화하고 가시화한 기록은 다음의 계획을 입안하는 데 반영시킬 수 있고, 제3자에게 자신의 보육을 보여주고 상의하는 때에도 귀중한 자료가 된다. 자기 혼자서는 통찰에 이르지 못했던 것도 다른 종류의 이해에 도달하게 하거나 원조의 방법을 생각해낼 수 있게 된다. 형태로 남겨두기 위한 과거의 기록이 아니라 내일의 보육을 위해 방향성을 제시해 주고, 아동을 더 잘 이해할 수 있게 하는 기록이라고 말하고 싶다.

더욱이 성찰을 개인적인 것으로 남겨두지 않고 원 전체에서 공유한다면 조직적으로 원 전체를 평가, 검증하는 데 도움이 되어 보육의 질을 향상시킬 수도 있다.

4) 보육의 자기평가와 평가제도

최근에 보육시설 평가제도 같은 보육평가를 통하여 그 원 전체의 보육을 들여다 보기 쉽게 하는 것이 사회적 책임이 되고 있다. 보육은 성과가 바로 보이는 것이 아니다. 그러나 하루하루 보육을 검증하는 것은 아동의 건전한 발달에 필요하다. 특히 보육의 요구가 강한 현대에는, 보육의 질의 확보나 지역 간 격차해소를 위해서도 평가에 대한 관심은 높아지고 있다.

보육시설에 대해 우리나라에서는 평가제도를 실시하여 체계화된 평가를 실시하고 있다. 그리고 평가의 결과는 공표하게 하고 있다.

원의 평가는 한 사람 한 사람의 보육교사가 실행하는 하루하루의 보육의 계획, 실천, 성찰, 그리고 모든 전문적 경영의 총합이다.

계획 입안부터 실천 후의 성찰 평가까지의 일련의 흐름에서 보육하는 아동이 중심이 되어야 한다. 하루하루 꾸려가는 계획의 순환은 결코 같은 장소로 돌아가는 순환은 아니다. 목표를 향하여 돌아가면서, 상승으로 나아가는 나선형의 순환이라고 할 수 있다. 결국 보육실천 전의 '아동의 모습'과 보육실천 후의 '아동의 모습'은 같은 모습이 아니고 후자의 아동은 경험으로부터 무언가의 발달적 요소를 획득한 한층 성장한 아동의 모습이다. 결국 아동의 모습에서 시작하여 아동의 모습으로 끝나는 계획인 것이다.

4 교직원 간의 신뢰관계의 중요성

1) 보육실천 전의 보육과정 공유

원 조직에 종사하는 한 사람의 보육교사로서 원의 방침에 따라서 보육과정을 공유하고, 전 교직원이 공통의 이해를 바탕으로 실천하는 것은 당연하다. 개인의 보육관이나 아동관을 기반으로 하면서도 원의 골격이 되는 보육철학과 모순되지 않은 자세로 보육하는 것이 중요하다.

보육과정을 편성할 때부터 교직원이 협력하는 체제를 유지하는 것이 좋다. 또한 보육과정의 편성에 대한 기본적인 방침이 가정이나 지역과 공유되도록 노력할 필요가 있다. 원내에서 만이 아니라 원외에서도 보육과정을 공유하는 것이 중요하다. 최근 유치원, 보육시설, 양육지원센터가 지역사회의 센터 역할을 담당할 수 있도록 지역이나 가정에 대하여 보육과정을 공개하고 지역사회의 지원이 이루어지도록 노력하고 있다.

한편 보육과정의 편성에서는 협력체제, 창의적 노력의 자세를 기본으로 하고, 실천에서는 상호 간의 신뢰, 협력, 유연한 자세로 보육하는 것이 중요하다.

2) 보육실천 후의 평가의 공유

교직원 사이에 계획을 공유하는 것과 보육실천을 마친 후 개인적으로 성찰, 평가하는 것이 중요하다고 앞에서 말하였다. 여기서는 성찰, 평가내용을 원내·외에서 공유하는 것의 중요성에 대해 생각해 보고자 한다.

직장 내 연수나 보육시설 연합의 장에서 개별적 성찰을 공개하고 타인과 협력하는 것은 단순히 자기평가에 끝나지 않는 효과를 기대할 수 있다. 다른 보육교사들의 생각과 대응방식을 아는 것을 통해, 아동이해에 필요한 다양한 관점과 다양한 지도의 방식을 배울 수 있게 된다. 그렇게 넓은 견해나 사고방식을 배움으로써 자기의 보육관이나 아동관을 심화하고 전문성을 향상하는 방향으로 연결할 수 있다.

직장 내 연수나 보육연합회의에서 보육교사들 사이에 평가를 공유하고, 원외에서 적극적으로 발표하는 것은 보육과정 운영을 보다 활발하게 만든다.

3) 교직원 간의 팀워크와 신뢰

보육실천은 보육교사의 팀워크에 의해 이루어진다. 아무리 능력이 우수한 교사라도 개인기만으로는 보육이 잘 될 수 없다. 개인기보다도 팀의 힘이다. 보육의 팀워크를 향상하는 것이 결국 보육의 질을 향상하는 것이라고 말할 수 있다.

표 5-3 **보육교사 업무분장의 예**

구분	담당	업무내용	비고
주요 업무	원장	• 원의 전반적인 교육 및 운영 계획/견학 및 행사 계획 • 업무분장, 감독, 근무평정 등 업무 관리 • 시설설비 및 재정 관리/운영 및 교육 정보 수집 • 행정당국 및 단체와의 관계유지/일지 취합 검사	전체 청소 구역 관리
	교사	• 연간 보육계획안, 주간 보육계획안, 일일 보육계획안 작성 • 보육활동 진행 및 준비/보육일지 작성	담당 교실 관리

구분	담당	업무내용	비고
		• 각 보육실의 환경구성 및 청결 관리/학부모 상담 • 영유아에 대한 관찰일지 및 보고서 작성 • 영유아 건강 및 안전관리/영유아 영양 및 급식 관리	
기타 업무	교사 김교사	• 영아반의 전반적인 교육 내용 관리 • 원아 관리 및 관찰지도/소모성 교재 점검 및 신청 • 시청각 기자재 관리 • 안전 관리(소화기 점검), 비상 대치 훈련 담당	계단청소, 외부 청소
	교사 박교사	• 입학상담 및 자원봉사자 담당/위생소독 • 식단표 작성 및 주문 담당/화분관리 • 게시판(주간보육계획안, 주간식단표, 월행사)담당 및 관리	화장실 청소, 화장실 수건관리
	교사 이교사	• 유아반의 전반적인 교육내용관리 • 원아 관리 및 관찰지도/교재 교구 정리 및 관리 • 행사일지 작성/비디오 테이프 정리 담당	현관 청소
	교사 강교사	• 사무실 도서 정리 및 관리/업무 일지 작성 • 종이, 시트지, 코팅지, 복사지(복사기) 등 지류 정리 및 관리 • 약품장 관리 및 약품사용 대장 담당/생일잔치 계획 및 준비	실외놀이터 청소
	운전사	• 차량안전 준수사항	차량 청결
	조리사	• 1층 물컵 관리/식자재 주문 및 관리 • 2층 정수기 물컵 관리	수족관, 화초, 세탁기 관리

출처: 한국보육진흥원(2016)

자격의 면허를 공유한 사람일지라도 모든 업무에 완벽한 보육교사는 없다. 다양한 재능이나 지식, 기술을 발휘하면서 부족한 것은 보완하고 상호협력을 실천하면서 보육을 만들어가는 것이다. 이런 실천이 아동에게도 안심이 되고 안정된 환경을 만드는 것으로 이어진다.

보육교사집단은 계획입안 단계부터 같은 방향을 바라보고, 아동의 건전한 성장을 바라는 마음을 공유하면서 자신의 보육에 맞추어 가는 것이 중요하다. 한 사람의 아동의 성장에 혼란을 가져오지 않도록 교직원 간에 충분히 이해하고 상호 신뢰를 갖는 일은 보육교사집단에 없어서는 안 되는 기본적 자세이다.

이와 같이 교직원 간의 상호이해와 동료 의식은 아동들에게 행복한 발달을 돕는 신뢰성 있는 보육을 만드는 힘이 될 것이다.

활동하기

1 어린이집의 일상을 아동과 함께 만들어가기

1) 다음의 내용을 체크해보자.

분류	내용	의견	
시간	하루일과는 교사가 미리 정한다.	예	아니오
	정해진 하루일과는 꼭 지켜야 한다.	예	아니오
	교실 환경은 교사가 구성한다.	예	아니오
	신발장은 신학기에 교사가 미리 정해 놓는다.	예	아니오
	교실에 앉는 자리는 교사가 미리 정한다.	예	아니오
놀이 및 활동	자유놀이에서 영역별 활동 인원수를 제한한다.	예	아니오
	흥미 영역별 놀잇감은 그 영역에서만 놀 수 있다.	예	아니오
	정리정돈 시간에는 모든 것을 꼭 깨끗이 치운다.	예	아니오
	교실에서 노는 놀잇감은 바깥놀이에 가져 가면 안 된다.	예	아니오
	게임 규칙은 교사가 미리 정하고 유아에게 제시한다.	예	아니오
	교사가 계획한 활동은 꼭 진행한다.	예	아니오
	대집단 활동을 꼭 해야 한다.	예	아니오
행사	모든 행사계획은 교사가 하고 유아는 참여만 한다.	예	아니오

경제 인문사회연구회편, 193-203 자료 참조, 재구성

2) '예'라고 답한 문항에 대해 왜 그렇게 생각하는지 돌아보고, 그 이유가 유아존중의 관점에서 어떤지 생각해 보자.

- 유아의 발달적 특성에 비추어볼 때 어떤가?

- 유아의 생각이 반영되었는가?

- 유아의 의견이 존중되었는가?

3) '예'라고 답한 문항은 '아니오'라고 바꾸어본다면 교사 입장에서는 어떨지, 유아 입장에서는 어떨지 생각해 본다.

- 교사에게 어떤 변화가 일어날까?

- 유아에게 어떤 변화가 일어날까?

2 당연했던 생각을 바꾸어 보고 변화를 예측해 보자.

게임 규칙은 교사가 미리 정하고 유아에게 제시한다.

예

예상되는 교사 입장	예상되는 유아입장
-할 일이 많다.	-선택할 수가 없다.
-	-
-	-

아니오

예상되는 교사 입장	예상되는 유아입장
-할 일이 줄어든다.	-선택할 수 있다.
-	-
-	-

1) 규칙을 정한 사람은 누구인가?

유아들이 생각하는 규칙에는 무엇이 있을지 생각해 본다.
-
-

교사들이 생각하는 규칙에는 무엇이 있을지 생각해 본다.
-
-

규칙을 정하는 사람은 누구인지 생각해 본다.
-
-

규칙을 정한 이유는 무엇인지 생각해 본다.
-
-

2) 교실의 규칙이 보다 효과적으로 정해지고 지켜질 수 있는 방법은 무엇일지 고민하고 조를 나누어 토의해 보자.

Chapter 06

보육교사 윤리

1. 보육교사의 '책임'에 대한 인식
2. 보육교사들 간에 서로 지지하고, 협동하는 자세

보육 전문가의 책무 가운데 가장 중요한 것은 아동의 최선의 이익을 보호하는 것이다. 이것의 근거는 보육교사가 아동의 곁에 있는(stand by) 존재이기 때문이다. 이는 물리적으로 아동의 바로 곁에 있는 것만을 말하는 것이 아니라 아동의 보다 좋은 생활을 만들기 위해 행동하는 존재이기 때문이라고 말할 수 있다. 따라서 아동의 곁에 존재한다는 것은 아동의 권리를 옹호하는 것이고, 그 핵심은 '아동의 최선의 이익'이라는 개념이다.

최근에는 보육교사의 윤리의식과 책임성에 대한 사회적 요구가 더 강해지고 있다. 아동과의 일상적 생활 속에서 아동의 권리를 옹호하려고 노력하지만 예상 밖의 딜레마에 빠지는 경우도 많이 생긴다. 이 장에서는 다양한 사례를 통해 보육교사의 윤리적 책임에 대해 생각해 보고자 한다.

1 보육교사의 '책임'에 대한 인식

아동은 본래 자신의 권리를 스스로 충분하게 보호할 수 없기 때문에 그 권리를 위협받지 않도록 아동의 곁에 존재하는 성인이 보호해 주어야 한다. 보육교사는 어떠한 장면에서고, 아동의 곁에 존재하고 아동을 옹호하는 것을 최우선의 책무에 두지 않으면 안 된다.

'책무'란 책임과 의무인데, 단어의 의미를 사전에서 찾아보면 '책임'은 "사람이 맡아서 행해야 하는 의무나 책임"이고 '의무'는 "도덕적으로 필연성을 가지는 요구로서 인간의 의지 및 행위에 부과되는 강제나 구속, 또는 당연히 해야 할 일"이다(네이버 어학사전).

아동의 최선의 이익을 보호하는 것이 '당신이 전문가로서 하지 않으면 안 되는 일'이라고 하면 자신이 그것을 잘 할 수 있을까 불안한 생각이 먼저 드는 사람도 있을 것이다. 그렇다면 생각의 방향을 바꾸어서 이렇게 생각해 보면 어떨까? '아동 곁에 있고자 하는 내가 아동의 최선의 이익을 보호하는 것을 아동과 '약속'하고, 그 약속을 가능하면 지키기 위해 생각하고 행동하는 것이다'라고.

이같이 보육 당사자들은 아동에 대한 약속을 서로 교환하고 전문가로서 그것을 지키려고 노력한다는 자세로 보육에 임하는 것이다. 아동과의 약속을 지키기 위해 자신에게 무엇이 가능한가를 생각하는 자세가 전문가로서 보육에 임하는 우리들에게 점점 더 많이 필요해지고 있다.

1) '나침반'이 되는 윤리강령

당신은 보육 전문가가 되기 위해 아동과 어떠한 약속을 하고 싶은가? 그 내용에 대해 생각할 때 기준으로 삼는 것의 하나가 윤리강령이다. 윤리강령이란 일반적으로는 행동의 규범으로서 도덕관이나 선악의 기준 등의 요점을 간단히 기술한 것이다. 전국보육교사회의 윤리강령(부록 참조)은 보육의 전문가 집단으로서 사회적 책무를 선언하고 있다고 말할 수 있다. 보육 전문가로서 윤리강령의 내용을 다루어 보는 것이 중요하다. 윤리강령에 들어 있기 때문에 지키는 것이 아니라 '보육 전문가로서 아동의 최선의 이익을 위해 자신의 생각이나 행동을 바로잡아간다'고 아동들과 '약속'을 하는 것이다. 그리고 그 계약을 지키기 위해 노력한다는 각오를 가지는 것이다.

『어린이집 원장 및 보육교사 윤리강령』
보육은 영유아를 건강하게 양육하고, 안전하게 보호하며, 발달특성에 적합한 교육을 제공하는 복지서비스이며, 보육인은 사랑과 존중과 전문지식을 바탕으로 영유아의 전인적 성장에 영향을 미치는 전문직업인이다. 그러므로 보육인은 윤리적 의식과 태도를 가지고 사회적 본분에 임해야 한다. 이에 어린이집 원장과 보육교사는 스스로 책무성을 발현하여 윤리강령을 제정함을 밝힌다. 본 강령을 직무수행의 규준으로 삼아, 보육현장에서 발생하는 윤리적 갈등을 해결하고, 생존권, 보호권, 발달권, 참여권 등 영유아의 권리를 보장함으로써, 직무상의 윤리적 책임을 다하여 전문직업인으로서의 위상을 공고히 하고자 한다. 더불어 영유아와 그 가정, 동료와 사회의 존엄성을 존중하는 보육의 실천으로 다각적인 신뢰를 구축하고, 영유아의 잠재력을 최대한 발휘시킴으로써 영유아가 긍정적인 자아개념을 형성하고 유능한 사회인으로 성장할 수 있도록 도와, 궁극적으로는 영유아와 그 가정, 동료와 사회의 통합적 이상적 복지 실현에 기여하고자 한다.

보육교사로서 모든 아동을 소중히 여기고자 아동과 약속하고, 이를 실천하고 실현하려는 자세로 이 윤리강령을 항상 마음과 몸에 새기는 것이 중요하다.

사례를 통하여 보육교사가 맞닥뜨리는 윤리적 딜레마에 대해 구체적으로 생각해 보자.

사례1

추운 겨울에서 봄으로 가는 시기에 2세아 반에서 있던 일이다. 반 아동들이 산책하러 외출해도 미리(가명)는 실내에서 놀고 있다. 밖에 나가지 않았으면 좋겠다고 하는 부모로부터의 특별하고 강한 요청이 있었기 때문이다. 이유는 부모가 일을 쉬기가 어려운데 밖에 나가서 컨디션을 망가뜨리면 곤란하기 때문이라는 것이다.
심한 추위에는 못나가더라도 날씨가 좋은 날에는 햇빛에 이끌려서 반 아동들과 바깥 놀이를 나간다. 보육교사 자신도 밖에 나가고 싶은 욕구가 생기고, 그 계절에 맞는 놀이를 체험하는 것도 중요하다고 생각되어 놀이터나 가까운 공원에 나갔다. 물론 그 날 몸 상태가 안 좋은 아이도 있었고 밖에 나가고 싶어 하지 않는 아동도 미리 한 사람만은 아니었다. 나가고 싶지 않거나 몸이 안 좋은 경우는 아동 본인도 납득할 수 있다. 그러나 미리는 자신의 몸이 나쁘지 않고 본인도 밖에 나가고 싶어 하는데 나갈 수 없는 것이다.

생각해 보기

- 부모의 바람을 무시하고 아동의 행복추구권을 위해 바깥놀이를 하게 하는 게 옳은가?
- 아동의 욕구와 부모의 욕구가 충돌할 때 누구의 욕구를 우선적으로 존중해야 하는가?
- 아동에게 가장 가까이 있는 한 사람으로서 교사는 아동에게 무엇을 우선적으로 지켜줘야 하는가?

2) 전문가로서의 딜레마

실제 현장에서는 앞의 사례처럼 어떤 판단을 하고 행동하는 것이 애매한 일이 종종 일어난다. 전문가로서 '아동의 건전한 정신적·신체적 성장을 중요하게 여기는 것'과 '부모의 의향을 존중하여 따르는 것'과의 사이에서 딜레마를 느끼는 보육교사가 많기 때문이다. 이때 자신들의 현재 위치를 확인하고, 그 지향하는 방향을 가르쳐주는 나침반 같은 역할을 해 주는 것이 바로 윤리강령이다. 이 역할을 하고 있는 것의 하나가 전미유아교육협회(NAEYC)의 윤리강령(부록 참조)이다.

> NAEYC의 「윤리강령」은 책임 있는 행동에 대한 지침들을 제시하고, 어린 유아들을 보육하고 교육하는 과정에서 확인하게 되는 중대한 윤리적 딜레마들을 해결하기 위한 보편적인 기초를 제창하고 있다.

NAEYC의 윤리강령의 큰 특징은 보육교사에게는 '윤리적 딜레마가 있다'라는 점을 확실히 하고 있는 것이다. 윤리강령의 '서론'에서 '어린 유아들을 보육하고 교육하는 과정에서 확인하게 되는 중대한 윤리적 딜레마들을 해결하기 위한 보편적인 기초를 제창하고 있다.'라고 기술하고 있다.

이 윤리강령은 ① 아동들, ② 가족, ③ 동료들, ④ 지역과 사회라는 4개의 큰 영역으로 나뉜다. 각 영역은 '서론', '규범원리', '행동원칙'이라는 부분으로 구성되어 있다. '서론'에는 각 영역에서 보육실천자의 기본적인 책임이 무엇인가를 서술하고 있고, '규범원리'에는 실천자가 지향할 사항이 기록되었다. '행동원칙'에는 그 영역에서 부딪히게 되는 윤리적 딜레마의 해결에 대하여, 실천자의 처신 방식을 가르쳐주거나, 도움을 주는 것을 의도로 작성되어 있다. 그러나 각각의 규범과 원칙들을 일치시키려고 할 필요는 없고, 대신 각각의 규범이나 원칙은 문제를 맞닥뜨린 교사들에게 어떤 시사점을 주려는 의도가 있다고 할 수 있다.

또한 어떤 윤리적인 딜레마에 하나의 정답이라고 할 수 있는 가장 윤리적인 행동이란 것은, 대개 단언할 수 없다. 하나의 사례에 대처하기 위해서 직접적이고 명백하게 의심의 여지가 없는 행동방식은 없다고 해도 좋을 것이다. 하나의 중요한 가치가 있다면, 반드시 다른 중요한 가치가 그것을 부정할 수 있다.

> '때때로, 취해야 할 최상의 윤리적 행동양식에 대한 "정답"이 분명하지 않다. 하나의 상황을 처리하기 위한 분명하고 긍정적인 방식도 없을 수 있다. 하나의 중요한 가치는 다른 중요한 가치와 상충할 수도 있다. (따라서) 우리가 "하나의 딜레마"에 처했을 경우 취해야 할 가장 윤리적인 행동양식을 찾는 과정에서 모든 관계당사자들과 협의해야 하는 것이 우리의 직업적 책임인 것이다.'

교사들은 괴로운 선택을 강요받을 수 있다. 그럴 때 취해야 하는 가장 윤리적인 행위의 요점이 무엇인가를 찾기 위해, 연관된 당사자들과 상담하는 것은 우리들의 전문적인 책임이다. 결국 딜레마를 안고서 그것에 대한 가장 적절한 판단을 찾기 위해서 주위의 사람들과 함께 상의하고 찾아내는 것이 전문가로서의 책무라는 것이다.

사례2

미리(가명)의 일에 대해 우선 원내의 보육교사가 함께 상의하고, 그 후 담임과 원장을 통해 어머니와 이야기할 기회를 가졌다. 밖에서 놀이를 하고 싶어 하는 미리의 모습을 어머니도 볼 수 있었고, 신체를 활발하게 움직여서 놀이하는 즐거움이나, 반의 아동들과 함께 그런 것을 체험하는 것의 중요성을 전달하였다. 그러나 '미리가 밖에 나가 감기 걸리거나 컨디션을 망가뜨리면 원이 책임을 질 수 있나요?' 라고 하는 강한 어조의 말이 돌아왔다.
보육교사들은 '알겠습니다'라고 우선은 받아들이고 지금까지처럼 미리가 가능한 한 즐겁게 실내에서 시간을 보내고, 실내에서도 신체를 움직여서 활동하도록 격려하고 있었다. 그런 동시에 가능하면 어머니를 설득하여 미리의 신체 변화에 대해 조금씩이라도 알리면서 보호하도록 하고 있었다. 서서히 어머니의 딱딱한 표정이 부드러워지고, 미리도 성장하면서 몸의 컨디션이 안 좋아지는 일이 적어지게 되었다. 따라서 다음해 겨울부터 봄 사이에는 반 아이들과 함께 원 생활을 보내는 것을 어머니도 거부하지 않게 되었다.

생각해 보기

- 위 사례에서 전문가로서 보육교사는 아동의 최선의 이익을 보호하기 위해 어떤 일을 했는가?
- 당신이 교사라면 이런 때에 무엇을 판단의 기준으로 삼겠는가?
- 어머니가 생각을 바꾸게 된 데에는 어떤 경과가 있었는가?
- 교사는 어머니와 아동을 위해 무엇을 하였는가?

아동에게도 어머니에게도 진심을 다하면서, 긴 안목을 가지고 조금씩 해결을 목표로 나아갔던 보육교사들의 자세가 감동적이다. 이처럼 아동의 최선의 이익을 보호한다는 계약을 가슴에 새기면서 주위의 동료들과 함께 한걸음씩 전문가로서 성장하기 바란다.

3) 아동의 상황을 이해하고, 맞춰가기

아동이 보내는 신호를 무심히 넘기지 않아야 한다.

아동은 자신의 방식으로 지금 현재를 열심히 살아가고 있다. 전문가로서 보육교사는 이러한 아동의 있는 그대로의 모습을 받아들이는 동시에, 그것을 아동이 보내는 신호로 다룰 수 있는 눈을 가지는 것도 필요하다.

사례3

3세아 반의 홍기(가명)는 때때로 '왁'하고 큰 소리를 내고 가까운 곳에 있는 반 아이들을 뒤좇아 간다든지, 지나가는 길에 다른 아이들의 어깨나 등을 강하게 때리기도 한다. 홍기에게 그렇게 당한 아동들이 마음이 상해서 바로 그 자리에서 홍기를 되받아 때리면서 싸움이 시작되기도 하고, 홍기에게 직접 말할 수 없는 아동은 담임보육교사에게 '홍기가 아무것도 하지 않았는데 때렸어요'라고 호소하면서 다가오는 일도 있다. 또한 홍기는 가끔 2세아 반에 가서 작은 아이들과 함께 놀곤 한다. 귀여워하고 안아 올리지만, 안아 올린 손을 갑자기 놓아버려 안겨 있던 아이를 갑자기 떨어뜨려서 아파서 울게 하기도 한다. 2세아 중에는 홍기가 오는 것이 싫어서 때로 홍기의 모습만 봐도 울기 시작하는 아이가 생기게 됐다고 2세아 반 보육교사는 이야기하고 있다.

홍기의 담임(2인)은 홍기에게, 때리는 것은 절대 해서는 안 되고 큰 소리를 내는 것은 상대를 놀라게 한다는 것을 알리려고 하였다.

그러나 좀처럼 홍기의 변화가 보이지 않았다. 그러다가 교사 회의 중에 홍기에 대해 말할 기회가 생겼다. 어떻게 하면 좋을까 함께 이야기하는 기회가 생기자 2세아 반에서 불만이 터져 나오고 뭔가 대응하지 않으면 안 된다는 초조함이 생기게 되었다. 원장이나 주임보육교사와 상담하는 과정에서 누군가 한 사람은 반드시 잠시 동안이라도 홍기의 모습을 잘 관찰하고 상호작용해 보자는 의견이 나왔다. 홍기의 모습을 잘 보고 있으면 '왁' 하고 크게 소리를 내는 행위는, 자신이 하고 있던 놀이의 영역(홍기 자신이 자기의 영역이라고 생각하고 있는 범위)에 가까이 놀고 있던 아동이 모르고 들어올 때 홍기 나름의 항의 방법으로 큰소리를 내는 것 같았다. 한편 때리는 행위는 그 상대를 위협하려는 생각을 가진 것 같고, 또한 반에서 밖으로 나오는 것은 자신의 놀이가 생각처럼 되어가지 않을 때나 반에서 보이지 않는 장난감 중 하나가 2세아 반에 있는 경우인 것을 알 수 있었다. 홍기가 전체적으로 발달이 조금 느린 아동인 것은 다른 보육교사들도 알고 있었다. 그러나 홍기가 거기서 느끼고 있는 자신의 생각, 예를 들어 '들어오지 마' 등을 간단한 언어로 표현할 수 없고, 상대에게 생각을 전달하지 못한다는 생각은 미처 못했던 것이다. 또한 놀고 있는 모습을 잘 보고 있지 않으면 그것이 홍기의 놀이 영역에 속하는 장소인 것을 보육교사도 알아차리지 못한다고 할 수 있다. 그래서 홍기의 모습을 신중하게 보고난 뒤에 큰 소리를 내는 것도 때리는 것도 자신의 영역이 위협받고 있다는 생각에서 다른 존재에게 긴장감을 느끼고 있는 신호였던 것을 알 수 있었다.

이전에는 다른 아동이 홍기에 대해 호소하거나 이르면 '또'라는 생각이 앞서고, 그 행위를 못하게 하고, 가지 못하게 하는 것만으로 상호작용이 되었다고 느끼고 있었다. 거기서 '무서웠어', '내가 만든 블록을 무너뜨릴 수 있다고 생각하여 깜짝 놀랐어', '여기에 들어오는 것이 싫었어' 등, 보육교사가 홍기의 생각을 대신 언어로 잘 전달해 주면 홍기의 모습이 조금씩 부드러워지고 보육교사의 말에 귀를 기울이게 되었다. 또한 곤란한 때는 보육교사를 찾는다든지 응석을 부리는 행동도 하게 되었다.

생각해 보기

- 아동의 마음을 읽고 이해하기 위해서 어떤 노력이 필요하다고 생각하는가?
- 교사 간의 대화를 통해 담임교사는 무엇을 깨달았는가?

아동은 때로 자신의 생각을 언어로 전달하는 것이 어려운 경우가 있다. 아동은 표정이나 행동으로 마음의 상태 등 다양한 것을 표현하는 경우가 많다. 그러나 보육교사 측에서 아동의 행동을 어떤 신호로 받아들이려고 하는 준비가 있어야 그것을 이해할 수 있다. 상호작용하기 쉬운 신호만이 아닌, 언어로는 말할 수 없는 신체적 메시지를 포함하여 다양한 신호를 진지하고 적극적으로 받아들이려고 하는 자세를 가진 보육교사로 성장하기 바란다.

4) 담임보육교사의 견해를 존중하고 공유하기

아동을 이해하기 위해 장면 하나하나에 열심히 유의하는 것은 기본이다. 앞의 사례의 보육교사들도 열심히 그리고 신중하게 생각함으로써(아동 스스로도 자각하고 있지 못하는 생각도 포함하여), 아동이해에 이르렀다고 말할 수 있다. 그 과정에서 때로 아동을 이해하지 못하고 도움의 방식에서 길을 헤매는 일도 일어난다. 애매함과 맞닥뜨려가면서도 담임보육교사는 그 아동과 함께 살아가고, 시행착오를 거치며 상호작용해야 하는 필요에 부딪힌다. 이러한 상황을 지지하고 지원하는 것이 전문가로서의 보육교사 집단의 상호교류와 이해이다. 이어서 사례를 통해 생각해 보자.

사례4

원장이나 주임보육교사를 포함하여 여러 명의 보육교사들과 이야기 하는 가운데 담임보육교사는 홍기(가명)를 먼저 지켜보면서 홍기의 행동을 이해하는 것이 좋겠다고 말하였다. 이 반에 두 사람의 담임 보육교사가 배치되었는데, 이는 다른 통합보육을 필요로 하는 아동이 있어 그를 위해 배치되었던 것이다. 그러나 홍기를 우선적으로 지켜보게 되면 통합교육을 받고 있는 아동의 요구에 바로 응할 수 없는 경우도 생긴다. 그것 때문에 주위의 이해를 얻을 수 있을까 고민이 있었다. 사실 통합교육을 요구하는 아동을 비롯하여 반 전체의 아동에게는, 홍기에게 보다 더 많은 배려를 하는 것이 홍기 자신의 성장에는 물론이고 반 전체의 아동들의 성장으로 연결될 수 있다는 것에 대한 이해가 공유되어야 하기 때문이다.

조금 뒤 원내의 보육교사 전원이 회의하는 기회에 홍기에 대해 함께 이야기할 기회를 가졌다. 담임은 홍기의 행동의 의미를 어떻게 다루고 있는가에 대해, 그리고 현재의 상호작용의 방향성이 무엇인가 등을 이야기하였다. 다른 반 보육교사들은 각각 눈에 들어온 홍기의 모습 등에 대해 이야기해 주었다. 그리고 담임의 방침에 따라서 상호작용을 계속하면서 지켜보게 되었다.

그러한 사례연구모임 이후에 2세아 반에서도 '귀여워서 안아준 것이네'라고 받아들이게 되고 '내려놓을 때도 훌륭하게 내려주면 아무개가 좋아할거야', '홍기야, 동생이니까 아무개를 안아올리려고 하는구나, 그래도 아무개도 자신이 하고 싶은 것이 있기 때문에 친절하게 알려 주고 올려주어라'라고 상호작용하게 되었다.

이렇게 담임보육교사와의 관계를 통해서 홍기가 점차 안심하고 안정감을 가지기 시작한다고 느낄 수 있게 되었다. 그 즈음에 2세아 반에 오는 빈도도 줄고, '최근 홍기가 거의 오지 않게 되었다'라는 소리가 자주 들렸다.

담임보육교사는 원내의 다른 보육교사들이 홍기에 대한 자신들의 보육 방향성을 이해해 주는 것이 정신적 지지가 되고 매우 든든했다고 말한다. 이러한 지지를 얻게 된 것은 보육교사가 자신을 개방하고 자신의 아동이해나 보육에 대해 이야기하였던 것, 동시에 동료의 보육교사가 담임 이야기에 귀 기울이고 함께 생각할 수 있는 관계의 장이 열렸다는 것이다.
이러한 담임의 방식을 받아들여 다른 반에서도 홍기에 대해 같은 방향으로 상호작용이 이루어졌다. 2세아 반의 보육교사들에게 같은 방식으로 상호작용해 주기 바란다고 의뢰한 것은 아니지만, 사례회의를 통해 홍기가 반에 올 때에는 공간을 요구하고 있는 신호라고 받아들여 흔쾌히 받아주는 동시에 홍기의 기분을 대신 말해주는 등 같은 방식으로 상호작용을 보이려고 노력하게 되었다.

생각해 보기

- 한 아동을 위해 특별한 배려를 하는 것에 대해 어떻게 생각하는가?
- 한 아동에 대한 특별한 배려가 다른 아동들의 최선의 이익에 어떤 영향을 준다고 생각하는가?
- 다른 교사들의 충고를 반영하는 것에 대해 어떤 자세를 가지는 것이 좋다고 생각하는가?

어떤 사례에서는 한동안 아동이 진정하고 안정되가다가도 다시 그렇지 않은 상태로 되돌아 가는 경우도 있다. 그러한 경우에는 다른 보육교사의 제안이 변화의 계기가 되는 경우도 있다. 담임보육교사는 자신의 생각이 그대로 받아들여지지 않고 자신이 부정되었다는 느낌을 가질 수 있다. 그러나 오히려 새로운 방향으로 시도해 보는 기회로 삼고 전향적인 생각을 가지라고 말하고 싶다.

2 보육교사들 간에 서로 지지하고, 협동하는 자세

이렇게 보육실천에서 보육교사 한 사람 한 사람의 개성을 중요하게 존중하면서도 동시에 공통의 이해로 나아갈 수 있는 것은, 보육교사가 서로 지지하면서 원이 하나의 팀으로 힘을 모아 실천을 이어가기 때문이다.

이에 대해 오오바(大場)는 '개개인 보육교사의 역량이나 자질을 논할 때 이론이나 기술의 습득을 떠올리기 쉽다. 그것은 틀리지 않지만 그 이상으로 원의 보육교사 전체가 일상적으로 상호지원의 자세를 가지고 스스로 돌아보면서 이루어지는 전문적인 발달은 더 중요하다. 보육교사 개인의 능력이 아니라 집단의 조직력으로서 아동의 원 생활을 지원하는 것이 진정한 의미에서의 전문적인 발달이 아닌가'라고 말하고 있다(大場, 2007: 187-188).

교사 간의 상호지원과 협력이 전문적인 발달로 이어진다는 것을 이해하고, 또한 자신도 다른 교사를 지지할 수 있는 보육교사로 성장해가길 바란다.

활동하기

1 다음의 하루일과에서 아동의 권리를 보장하는 상황별 바람직한 교사의 대응을 연습해 보자.

상황	연령	아동권리를 존중하지 않는 상황	바람직한 교사의 대응
양육자와 분리하기 어려운 상황	0~1세	"이러면 엄마가 힘들지." "씩씩하게 헤어져야 착한 친구지."	
소지품 정리가 어려운 유아	4~5세	"형님이니까 혼자 해 봐."	
놀잇감을 가지고 갈등 상황에 있을 경우	3세	"자꾸 싸우면 동생반 줘버릴거야."	
만든 작품을 선생님께 자랑하는 유아	4세	"그래~"라고 건성으로 답하기	
위험한 행동을 하는 경우	3세	타임아웃을 적용하기 "이런 행동하면 미워할거야."	
정리정돈을 방해하는 경우	4~5세	"아무개야 블록을 던지면 어떡해. 다른 친구들은 정리하고 있잖아. 너도 어서해라." "다른 친구들은 다하는데 왜 놀고 있는 거야. 빨리 해."	
음식을 흘리는 경우	0~1세	"또 흘렸네. 잘먹어야지."	
편식하는 경우	3세	"이거 다 먹어야 놀이할 수 있어."	
실외놀이에서 이탈하는 경우	3세	"자, 앞 친구 보고 줄 맞춰서 가야지." "앞 친구 어깨에 손 올리고 앞에 보면서 가자."	

상황	연령	아동권리를 존중하지 않는 상황	바람직한 교사의 대응
사진찍을 때	4~5세	"웃어요, 여기 봐, 가만 있어."	
미술활동이나 만들기활동을 하는 상황	4~5세	"여기 봐 이렇게 잘 하고 있는 친구처럼 해보자."	
집단 활동에 참여하지 않으려는 상황	3~4세	"다같이 놀이할 때는 함께 해야지." "아무개야 이렇게 따라 해보자."	
또래와 다툼이 있는 상황	2~4세	"아무개야, 네가 먼저 잘 못했으니까 먼저 사과해야지." "친구와 싸우면 나쁜 어린이지."	

출처: 경제 인물사회연구회 편(2016). p.177 재구성.

2 아동의 권리를 침해하는 다양한 상황에 대해 이야기해 보고, 그 에 대한 바른 교사의 대응을 상상하고 역할놀이해 보자.

Chapter 07

보육교사의 양호와 안전관리

1. 양호에 대한 책임
2. 교사의 위험관리

어린이집은 아동들에게 생활의 장이고, 모든 활동의 기초가 형성되는 곳이다. 보육교사는 아동의 건강이나 안전, 발달을 보장할 수 있도록 환경을 정비하여 아동의 성장을 지원할 수 있어야 한다. 어린이집에 영유아를 보내는 부모나 보호자는 무엇보다도 유아가 안전하게 보호받는 것을 최우선으로 바라고 있기 때문이다.

어린이집에서의 보육은 보호와 교육을 일체적으로 하는 것이 특징이다. 보육시설의 모든 보육활동에서 안전한 보호를 최우선으로 하는 보육이 전개되지 않으면 안 된다. 이를 위해 보육교사들이 갖추어야 할 자세와 기본 지식에 대해 다룰 것이다.

1 양호에 대한 책임

1) 양호의 개념

교사, 특히 영아기부터 다양한 연령의 아동과 생활하는 보육교사에게 특히 중요한 관점이 '보호 혹은 양호(care)'라고 할 수 있다. 보육에서 보호란 아동의 생명의 유지 혹은 정서의 안정을 도모하기 위하여 교사 등이 실천하는 원조나 상호작용을 말한다.

또한 양호(care)란 타자를 돕고자 하는 인간 본연의 성향(feeling and exhibiting concern and empathy for others)으로, 자신의 이익을 지키려는 것이 아니라 타자의 존엄을 위해 행동하고자 하는 지향성, 내면에서 흘러나오는 정감이나 타자에 대한 공감, 개별적이고 반응적인 관계 속에서 타자와 상호 관계하는 성향을 말하고 있다. 여기에는 윤리성이 중시되고 있다.

교사는 구체적이고 개별적인 유아와의 관계에서 아동의 내면을 성찰하고 개성을 받아들이고, 아동의 생활을 충실하게 함으로써 아동의 성장을 지원하는 관계를 맺는다. 교사는 '이 아이의 행복을 위해 나에게 무엇이 가능할까', '이 아이의 성장을 위해 자신은 무엇을 해야 할까'라고 계속 질문하면서 스스로를 성찰하는 자세를 가지지 않으면 안 된다. 이러한 보육교사의 윤리성이 사랑이 넘치는 태도, 공평무사한 자세, 겸손하고 관용적인 정신 등의 모습으로 보육실천에서 나타난다.

2) 보육시설에서의 보호

보육시설에서의 보호는 아동의 생명을 보장하고 정서적 안정을 보장하는 것이 우선 요구된다.

‘생명의 보장’이란 한 사람 한 사람의 아동의 건강과 안전을 지켜주는 것만이 아니라 아동의 생리적 욕구를 만족시키고 건강을 적극적으로 향상시키는 의미도 담겨 있다.

‘정서의 안정’도 교사가 아동의 기분을 받아들이고 인정하는 것이 중요하다. 그럼으로써 아동은 자신의 기분을 안심하고 표현할 수 있고 신뢰관계가 구축되어 자기 긍정감을 키워갈 수 있다.

영아와의 보육장면을 떠올리면서 이해하기 쉽게 생각해 보자. 영아가 울 때는 다양한 이유가 있을 것이라고 생각할 수 있다. 배가 고프거나 기저귀가 젖었거나 공기나 조명이 마음에 들지 않는 등, 교사는 그 기분을 잘 수용해서 심신의 상태에 대응하기 위해 세밀한 원조와 상호작용을 해야 한다.

한편 보호자 이외에 안심하고 신뢰감을 가질 수 있는 존재가 영아의 성장, 발달에 큰 영향을 준다. 애착이론의 ‘안전기지(sure base)’를 예로 들어보면, 안전이나 안심을 느낄 수 있는 활동의 거점이 있다면, 아동은 탐색행동을 하고 조금씩 행동범위를 넓히고 심신의 건전한 발달로 연결해 간다.

이처럼 ‘생명의 보장’은 ‘건강’의 영역과 ‘정서적 안정’, ‘인간관계’의 영역과 깊게 연관되는 것이라고 이해할 수 있다. 결국 양호를 기반으로서 교육이 전개되는 것만이 아니라 양호와 교육이 서로 연관되어 쌓여가면서 하루하루의 보육이 실천되는 것이다. 그리고 발달의 연속성과 아동의 건전한 성장을 보장하기 위해서도 아동 한 사람 한 사람을 개별적으로 대응하는 상호작용이 중요하고, 여기에 교사로서의 전문성이 요구된다.

3) 건강관리와 학대예방

교사양성 커리큘럼에도 '아동건강 교육'이나 '아동영양학', '아동간호학', '정신건강론'과 같은 과목들이 있다. 이것은 보육시설만이 아니라 아동양호시설이나 장애아 입소시설, 아동발달지원센터 등 보육교사가 근무하는 시설에서는 반드시 필요한 관점이다.

본래 아동은 가족에 의해 양호받으면서 건강하게 성장해야 한다. 그러나 오늘날 사회에서는 가족의 기능 저하나 가족의 역할 결여로 인해 공적책임으로서의 사회적 양호의 필요성이 더욱 요구되고 있다.

한편 최근에는 '보육 중에 일어나는 사고'도 문제시되고 있다. 낮잠이나 볼풀활동, 물놀이 등, 모든 활동에서 위험이 잠재되어 있으므로 아동의 생명을 지키기 위해서는 다각적인 시점에서의 위험관리가 중요하다.

교사는 항상 '아동을 지킨다'라는 책임을 담당하고 있다. 2018년 아동상담소에 의하면 학대상담대응건수가 12만 건을 넘어 '아동학대'의 예방 방지도 보육교사의 중요한 임무라고 말할 수 있다(보건복지부, 2018).

학대로 괴로워하는 아동, 발달이 다른 아이들과 다른 아동, 훈육의 경계선을 알지 못하여 고민하는 부모에게, 보육 전문가로서 관여하고 또한 각 기관과 원활한 연락을 해야 한다.

영아에게 건강은 평생 동안 누려야 할 튼튼한 신체발달의 초석이 되므로 건강한 생활습관 및 식습관을 형성하도록 지원하는 것도 중요하다. 면역력이 약해 질병 감염에 취약한 영유아를 위해 어린이집 실내외 공간의 청결을 유지하고 위생적인 생활습관을 형성하도록 지원하며, 안전하고 풍부한 식재료로 영양적으로 균형잡

힌 음식을 섭취함으로써 건강하게 성장할 수 있도록 지원해야 한다(한국보육진흥원, 2015).

4) 사례에서 배우기

실제의 보육사례를 통하여 알아보자.

사례1

한 보육시설의 아침의 모습이다. 2세아인 미소(가명)는 어머니와 함께 등원하고 교사와 웃는 얼굴로 인사를 교환하였다. 현관에서 어머니와 이별하고 보육실로 들어가기 위해 혼자서 신발을 벗으려고 노력하여, 교사에게 도움을 받지 않고 신발을 벗었다. 여기까지는 지금까지의 생활에서 몸에 익혔던 습관이었지만 오늘은 조금 달랐다. 보통은 신발을 벗고 들어가는 것만으로 만족스러워했지만 오늘은 스스로 벗은 신발을 들고 미소의 자리가 아니지만, 신발을 신발장에 넣고 만면의 미소를 지으며 교사에게 돌아왔다. 교사는 놀라운 표정을 지었지만 곧 미소의 행동을 웃는 얼굴로 안아주었다.

하루의 보육은 등원 전부터 시작하고 있다. 실내의 청소를 하고 위생이나 안전에서부터 환경을 준비하는 것은 교사의 중요한 역할이다. 등원할 때 교사는 아동이나 보호자와 웃는 얼굴로 인사를 교환하면서 아동의 표정이나 신체의 모습을 관찰한다. 또한 보호자와 적극적으로 정보를 교환하고 가정에서의 식사나 수면 등의 모습에서부터 아동의 심신의 상태를 파악하는 것도 함께 노력하지 않으면 안 된다. 이것은 일상의 보육의 모습이고 아동의 상태에 변화가 보이는 경우, 직원들이나 위탁 의사 등과 연락하면서 적절하고 신속한 대응을 해야 한다. 그리고 질병예방이나 사고방지에 대해서 세심한 주의를 기울이고, 보육시설 전체에서 위기관리 의식을 공유하는 것이 필요하다.

사례에서 2세아는 '자신의 것'을 인지하기 시작하는 시기가 되었다. 여기에는 교사가 아동의 발달과정을 이해하는 것이 전제가 된다. 더욱이 아동이 의욕적으로 생활할 수 있도록 아동의 자발성을 지지하고 이를 행동으로 연결하도록 지켜주고, 성취감을 맛볼 수 있도록 지원해 준다. 이러한 적극성이 쌓여가면서 이에 어울리는 생활리듬이 만들어지는 것이다. 그 출발점에서 교사는 더욱 잘 해보고 싶어 하는 아동의 기분을 지지해 주고 도와줄 필요가 있다.

사례2

1세아 반에 있는 동수(가명)는 매우 예민한 아이로 보육실에 알지 못하는 성인이 들어오는 것만으로도 크게 우는 아이였다. 그런 동수에게 일어난 일이다.

이 날은 동수의 생일이어서 교사로부터 '축하해'라고 축하의 인사를 들었다. 동수는 생일을 이해하지는 못해도 이런 소리가 좋아서 웃는 얼굴로 실내를 돌아다니다가 교사 옆에 돌아오는 것을 반복하였다. 그러던 중 때마침 보육시설을 견학 온 성인이 보육실에 들어왔다. 동수가 울어버릴지도 모른다는 걱정이 되었지만 동수는 걸어서 그 성인 가까이까지 갔다. 교사로부터 사정을 들은 성인은 '축하한다'라고 전하자, 만면의 웃는 얼굴이 되어 교사의 곁으로 돌아왔다. 그때부터 성인이 돌아갈 때까지 몇 번이고 똑같은 행동을 반복하면서 동수는 시종 웃는 얼굴이었다.

동수는 자신의 기분에 공감하고 대응해준 사람이 있어서 안심하고 자기를 표현하는 행동을 한 것이다. 사례에서 아동은 안전지대에서 안심하고 탐색행동을 표출하고 있는 모습을 발견할 수 있다. 이러한 교사의 수용적 반응적 상호작용이 아동의 성장 발달에 반드시 필요하다. 또한 교사는 다양한 아동의 생활 리듬에 맞추어서 아동이 스스로 자신의 신체를 움직여서 놀이할 수 있는 환경을 구성하는 것만이 아니라, 휴식을 포함한 생활리듬의 균형을 조정하는 유연성도 갖추지 않으면 안 된다. 아동의 심신 상태나 발달과정에 맞게 아동의 내면에 쌓이는 부정적인 감정을 다루어주는 기회도 중요하다. 그러면 아동은 기분을 전환하고 즐거운 일에 주의를 기울이는 것을 배울 수 있다.

한 사람 한 사람의 아동의 모습을 관찰하고 멀리 내다보면서, 아동의 성장 발달을 지원해가는 것이 교사가 할 수 있는 보호 혹은 양호라고 말할 수 있다.

2 교사의 위험관리

1) 보육사고의 현상

교사는 소중한 아동을 맡아서 생활을 함께 하기 때문에 안전관리, 위기관리의 의식을 항상 가지고 있지 않으면 안 된다. 그러나 최근 보육사고가 언론에서 크게 다루어지고 있고, 안전성이 절실히 요구되는 보육현장에서는 이러한 문제들을 빨리 해결하지 않으면 안 된다. 예를 들어, 보육시설의 차량에서 아동이 갇혀 있다가 사고를 당하거나, 아동이 내린 지점을 확인하지 않고 차량을 운행하여 아동이 차에 치이는 사고가 발생하는 등 다양한 안전사고가 발생하고 있다. 또 교사가 잠시 원아에게서 다른 곳으로 눈을 돌리고 있는 사이 놀이터나 어린이 물놀이 시설 등 다양한 곳에서 사고가 발생하기도 한다.

보육사고의 전체 현황을 보면 2016년 한 해 동안 안전사고 총 발생건수는 3만 1,203건이었다. 2012년에서 2016년 5년 동안 꾸준히 증가하여 2012년 대비 2016년은 243%에 달하는 것으로 나타났다. 이는 2012년에 비해 어린이집 안전사고에 대한 인식이 커졌고, 집계 방식도 좀 더 세밀해진 것, 어린이집 수가 이전에 비해 많이 증가한 것도 있다. 그리고 2017년은 전년에 비해 소폭 줄은 것으로 나타났다(보건복지부, 2017).

사고 유형별로 보면 어린이집에서 일어나는 안전사고의 경우 부딪힘이 37%로 가장 많았고, 넘어짐(36%), 원인미상(16%), 끼임(3%), 떨어짐(3%), 화상(2%), 이물질 삽입(2%), 통학버스 사고(1%), 급식 식중독 순으로 나타났다(보건복지부, 2017). 사실 부딪힘과 넘어짐은 어린이집에서 순간적으로 언제든지 일어날 수 있는 사고이기 때문에 이를 예방하기 위해서는 무엇보다 어린이집 안전시설을 제대로 갖추는 것이 가장 중요하다.

교사는 항상 어디서 아동의 사고와 맞닥뜨릴지 알지 못한다. 따라서 사고 발생 시에 교사로서 무엇을 해야 하는가를 생각해두지 않으면 안 된다. 또한 '교육·보육시설 등에서 사고방지 혹은 사고 발생 시의 대응을 위한 가이드라인'은 사고를 미연에 방지하기 위한 조치와 긴급 시의 대응을 단계적으로 제시해 주어야 한다.

환경에 대한 배려나 사고 상황의 기록, 보호자에 대한 대응 등의 매뉴얼은 사고 시 참고가 되어야 하는 동시에 교사들이 공통적으로 이해하고 숙지해야 할 지표로서도 반드시 필요하다.

보육사고를 충격적인 뉴스로서 다루는 것만이 중요한 것은 아니다. 원인을 검증하고 사고가 일어나기 쉬운 환경을 파악하여 재발

방지로 연결시키는 것이 교사에게 부여된 역할이다.

2) 보육시설에서 일어나는 아동학대

최근 5년간 아동학대 사례가 꾸준히 증가하고 있다. 특히 「아동학대범죄의 처벌 등에 관한 특례법」 시행(2014. 9. 29)으로 아동학대 신고전화가 112로 통합되고, 신고의무가 강화되고, 아동보호 전문기관증설 등으로 신고가 활성화됨에 따라 2014년 이후 피해아동 발견율 및 아동학대사례 건수가 증가하고 있다.

표 7-1 **연도별 신고접수 및 아동학대사례 건수**

구분	2012년	2013년	2014년	2015년	2016년
아동학대 일반현황	6,403건	6,769건	10,027건	11,715건	18,700건
어린이집 아동학대 발생현황	100건	217건	295건	427건	587건
전체 대비 어린이집 발생비율	1.72%	3.21%	2.94%	3.64%	3.14%

출처: 보건복지부(2019).

표 7-1에서 2016년 보육교직원에 의한 학대는 전체 아동학대 사례 중 3.14%였다. 어린이집 아동학대 행위자의 특성을 유형별로 살펴보면, 양육태도 및 방법 부족(52.8%) → 특성 없음(24.4%) → 사회경제적 스트레스(10.5%)순으로 나타났다(보건복지부, 2018). 이후 2019년에는 전체 아동학대 사례 건수가 30,045건으로 크게 증가하였고, 그 가운데 보육교직원의 학대 건수는 1,384건으로 전체의 4.6%를 차지하였다(아동권리보장원, 2019년 통계자료).

보육교직원의 양육태도 및 방법 부족으로 인해 일어나는 아동학대는 아동보다 일과 운영을 중시하는 태도를 취하는 경우에 일어나기 쉽다. 일과 운영을 방해하는 아동의 행동을 수정하기 위해 아동의 행동을 제한하고 죄책감을 갖게 하거나 일방적 지시 등을 함으로써 아동학대로 이어지는 경우로 볼 수 있다. 특히 아동을 일방적으로 가르침을 받는 수직적 관계로 보는 경우, 따끔하게 야단치는 강압적 훈육 등의 행동이 나타날 수 있으므로 아동의 권리를 존중하고 수평적 관계로 대하는 보육교직원의 태도가 필요하다.

3) 위험관리

보육사고는 미연에 방지하는 것이 가장 이상적이다. 그러나 이를 인위적으로 조작할 수 없고 일어나버린 사고도 당연히 생각하지 않을 수 없다. 막을 수 없는 아동의 사고에 대하여 최선책은 자만하지 않고 피해의 정도를 최소화하는 것이다. 그를 위해서는 작은 세심함을 잃지 않고 이런 정보를 보육교사들 간에 공유하는 것이 바람직하다.

사고는 어디에서고 일어날 수 있다. 예를 들어, 바깥 놀이터나 정원 등에서 항상 볼 수 있는 놀이기구에서도 일어난다. 놀이도구에서 아동의 움직임을 상상해 보자. 아동은 어떤 행동을 하는가? 그 동선은 어떻게 될 것인가? 예를 들어, 미끄럼틀은 위에서 미끄러져 내려오는 아동이 있는가 하면 옆으로 서서 아래부터 위로 올라가려는 아동도 있을 것이다.

실내모습도 마찬가지다. 보육사고의 예방, 방지를 위해서는 아동의 움직임을 파악하는 것이 전제가 된다. 거기에 더하여 교사의 상상, 예상능력이 필요하다. 예상된 행동에 대하여 이번에는 교사가 어떻게 대응해야 하는지 생각해 보자. 만약 사고가 일어날 때

'우연'이라는 단어로 보호자를 납득시킬 수 있을까? 거기에서 교사에게 요구되는 것이 위기관리이다.

위기관리란 보육교사 한 사람 한 사람이 모든 사태를 상상하고 그 상황에 대한 대응을 준비하는 것이다. 그리고 그것을 원 전체의 공통인식으로 명확하게 가지고 있는 것, 그를 위해서 적극적인 원내연수를 통해 위기관리에 대한 정보를 교환하는 것이다. 교사 한 사람이 알아차리지 못하는 것이라도 다양한 다른 관점이나 생각을 가지고 있는 사람들이 모여 있기 때문에 작은 변화도 알아차리고 그것의 위험을 조기에 발견할 수도 있는 것이다.

4) 아동의 관점도 고려하기

위험을 없애서 안전한 보육이 가능하다면, 모든 위험을 배제해야만 한다. 그러나 아동의 입장을 생각해 본다면 어떨까? 위기관리는 위기를 관리하는 것이다. 결국 관리하는 것을 목표로 한다. 여기에서 아동 한 사람 한 사람의 발달에 대응하는 적합한 안전교육도 생각하지 않으면 안 된다. 아동 스스로도 안전하다는 의미가 무엇인지 이해하지 않는다면 사고에 자만할 위험성이 높아진다.

그러나 '조심하지 않으면 안 된다'라고 하는 의식이 교사의 활동의 폭을 좁히고 보육에 대한 순수한 열정을 잃어버리게 할지도 모른다. 심각한 사건을 미연에 방지하는 것도 중요하지만, 아동의 성장을 생각하면서 '위험과 마주하는' 것도 교사에게는 중요하다는 것을 이해해야 한다.

활동하기

1 다음의 사례를 읽고 생각해 보자.

교사: 어머님. 오늘 세정이가 놀다가 그만 옆으로 넘어져 얼굴에 상처가 났네요.
부모: (얼굴을 찡그리며) 무슨 놀이를 하다 그랬을까...
교사: 자동차를 탔는데 너무 급하게 탄 것 같아요.
부모: 무슨 시간이었나요?
교사: 바깥놀이 시간이죠...
부모: 네... 수진아 가자...
(다음날 어린이집으로 전화)
부모: 어제 선생님께서 세정이가 놀다가 옆으로 넘어져 다쳤다고 하시는데 어제 집에 가서 수진이에게 물어보니 자동차를 타는데 친구가 밀어서 넘어졌다고... 어제 정말 많이 울었어요. 그래서 수진이가 어떻게 다쳤는지 CCTV로 확인해 보고 싶어요.

1) 부모의 마음을 살펴보자. 또 어떤 마음이 들었을까?

"우리애가 잘못해서 다쳤다는 얘기네."
"그 시간에 교사는 뭐 한거야?"
"그래서 상처 치료를 해 줬다는 얘기야, 안 해 줬다는 얘기야?"
"이 정도면 병원 가 봐야 되는거 아니야?"
"가만 있으면 안 되겠어"

2) 여러분이 위 사례 속 교사라면 어떻게 반응할 수 있을지 기록해 보자.

주의점

- 부모는 무조건적으로 자녀의 입장에서 해석할 수 있다.
- 교사의 반응과 태도에 따라 부모와 갈등관계가 되느냐 협조관계가 되느냐가 결정될 수 있다.
- 상대방의 마음을 읽지 못하거나 책임을 회피하려고 하면 엉뚱한 갈등상황을 유발할 수 있다.
- 공감과 수용, 진정성은 갈등상황을 예방하는 가장 효과적인 방법이다.

3) 팀원들과 기록한 내용을 나누고 각자 반응의 문제점 혹은 더 나은 방법이 있는지 토의해 보자.

2 다음의 사례를 읽고 각 질문에 답해 보자.

부모: 어제 친구 영희가 할퀴어서 목에 상처가 난 것 같아요.
교사: 그럴 리가 없는데… 제가 오늘 영희에게 확인해 볼게요.

1) 갈등 유발 원인은 무엇인가?

2) 부모의 요구사항은 무엇인가?

3) 부모의 기분은 어떨까?

4) 적절한 반응 전략은 무엇인가?

3 다음의 사례를 읽고 각 질문에 답해 보자.

부모: 선생님. 어제 우리 수진이가 낮잠시간에 선생님이 화장실 가지 말라고 해서 쉬를 오래 참아 힘들어서 어린이집에 가고 싶지 않다고 해요.
교사: 어제 그런 일 없었는데요. 이상하네요. 수진이가 그러던가요?

1) 갈등 유발 원인은 무엇인가?

2) 부모의 요구사항은 무엇인가?

3) 부모의 기분은 어떨까?

4) 적절한 반응 전략은 무엇인가?

4 다음 부모의 반응에 따른 교사의 첫 대응으로 가장 바람직한 것을 골라보자(다만 정답이 있는 것은 아니고 상황이나 맥락에 따라 반응이 달라질 수 있다).

1) 선생님, 우리 아이가 낮잠시간에 졸리지 않다고 하는데 안 재워주시면 안 되나요?

① 그럼요. 민준이만 재우지 않을게요.
② 민준이가 낮잠시간에 잠을 못자 힘들었나 봐요.
③ 그렇게 하긴 좀 어려워요. 그러면 다른 애들도 놀고 싶어 할 거예요.
④ 밤에 자는 시간을 조절해 보면 어떨까요?

2) 우리 준수가 수호가 자꾸 괴롭힌다고 해요. 둘이 못놀게 해 주시면 안 될까요?

① 수호가 조금 말썽꾸러기죠?
② 준수가 먼저 장난을 걸거나 괴롭히는 건 얘기하지 않던가요?
③ 수호가 자꾸 괴롭힌다고 해서 걱정되셨나 봐요.
④ 준수가 언제 그런 말을 하던가요?

3) 슬기가 어제 실외놀이터에서 놀다가 넘어졌다는데 어제 선생님께 전달을 못받아서요.

① 어머, 어제 슬기가 넘어졌나 봐요. 제가 미쳐 보지 못했네요. 많이 다쳤나요?
② 어제요? 그럴 리가. 슬기가 그러던가요?
③ 실외놀이를 하다보면 넘어지는 경우가 많아서요. 아마 슬기도 그랬나 봐요.
④ 저에게 말을 하지 않아 제가 몰랐네요.

4) 수미가 벌써 몇 번째인지 어제도 유진이를 물어서 이렇게 멍이 들었어요. 수미 엄마는 사과도 안 하고 너무 한거 아니에요?

① 너무 속상하시겠어요. 수미 엄마 전화번호를 알려 드릴테니 말씀해보시겠어요?
② 저도 너무 속상했어요.

③ 그러게요. 수미가 친구들을 너무 많이 무네요.
④ 벌써 친구가 여러 번 유진이를 물어 너무 속상하시겠어요.

5) 선생님, 어제 준현이가 선생님이 때렸다고 이야기해서 CCTV로 확인하고 싶어요.
① 어머, 준현이가 그렇게 이야기해서 많이 놀라셨겠어요. 혹시 어떤 상황인지 이야기 들려주실 수 있을까요?
② 어제 절대 그런 일이 없었는데 준현이가 상상력이 풍부하네요.
③ CCTV 열람 절차가 있어서 지금 바로는 어려워요.
④ 원장님께 여쭤보고 말씀드려야 할 것 같아요.

출처: 경제 인문사회연구회 편(2016). pp.319-312 재구성.

5 **팀원들과 자신이 체크한 교사의 바람직한 반응에 대해 이야기 나누어 보자.**

MEMO

PART 03

보육교사의 커리어 성장

Chapter 08

신임보육교사의 성장 - 실습에서 신임교사까지

보육에 대하여 배우기 시작한 당신은 보육 전문가로서의 일보를 내디뎠다고 말할 수 있다. 그래서 졸업할 때는 보육교사 자격이나 유치원교사 자격을 취득하게 될 것이다. 그를 위해 배우고 익혀야 할 것이 많지만, 면허나 자격 취득이 최종 목표는 아니다.

사회는 변화하고, 그와 함께 가족이나 그 속에서 자라나는 아동의 생활방식도 변화한다. 따라서 변화에 능동적으로 대응하고, 충실한 보육을 실천하기 위해서는 전문가로서 끊임없이 성장해야 한다. 무엇보다 교사 자신이 실제 아동과 매일의 일상을 함께 보내는 입장에 서게 되면 눈 앞에 있는 아동들과 보다 충실한 생활을 하기 위해 끊임없이 성장하고 싶다는 욕구를 느끼게 된다.

보육의 전문가가 되기 위해, 나아가 전문가로서 계속적으로 성장하기 위해서는 여러 단계를 거치게 된다. 여기서는 첫 실습에서 신임교사까지의 시기를 중심으로 무엇이 중요한가를 생각해 보고자 한다.

1 최초의 보육 - 실습을 통해 아동과 함께 하기

1) 아동의 생활 속으로 들어가기

우선 보육교사 교육의 방법이 교과목의 성질에 따라서 강의, 연습, 실기, 실습의 형식을 취한다는 것을 앞에서 언급하였다. 여기서는 우선 보육실습을 기본으로 '최초의 보육'을 생각해 보고자 한다. 실습은 아동들의 숨소리나 피부의 연약함, 담임보육교사의 얼굴이나 목소리의 표정을 온몸으로 느끼는 위치에 들어가는 것이다.

실습은 현장에서 생활하고 있는 사람들의 다양한 과거와 현재의 이력이 교차하는 살아 움직이는 공간이다. 실습생도 '지금까지의 삶과 그리고 지금부터의 삶'을 기초로 하면서 자신의 몸을 실천의 장에 두는 것이다.

아동이 살아가는 장은 계획되고 의식된 사건만 있는 것이 아니다. 언어로 표현되기 어려운 다양한 사건도 많고, 언어 이전의 애매한, 무엇인지 알 수 없는 것 같은 사건이 풍부하게 이루어지고 있는 공간이기도 하다.

실습은 보육교사를 지망하는 사람이 보육의 적나라한 현장과 함께 해야 하는 '만남의 장'이라고 말할 수 있다. 여기서 만남이란 함께 생활하는 아동과 보육교사, 아동과 함께 있는 가족, 무엇보다 그 사람들과 함께 살아가고자 하는 '자기 자신'과 만나는 장이다.

2) 아동과 함께 생활하기

앞서 보육을 배우고 있는 사람은 '키워지는' 입장에서 '키우는' 쪽으로 자신을 던지려고 하는 사람이라고 말했다. 실제의 생활을 자세히 들여다보면 '키워진다'나 '키운다'의 어느 한쪽만 있는 것이라고 말하기는 어렵다. 방금 태어난 아기는 보호받고 키워지는 측면이 많지만, 아기의 자는 모습이나 웃는 모습을 통해 보호자가 용기를 얻고 '보호하는 사람'으로서의 자각을 더 강하게 가질 수 있다. 즉, 아기는 키우는 사람을 키운다고도 말할 수 있다.

그러나 대개 보육을 배우고 있는 사람은 '키우는' 일에 자신의 중심을 두기로 의식하기 시작한 사람들이다. 보육교사가 되려는 사람은 아동과 함께 생활하는 것을 어떻게 경험해갈까? 실습을 들여다보면서 살펴보자.

3) 함께 키우는 장

아동이 생활하는 장은 항상 안전하고 아동의 욕구가 충족되는 곳이어야 한다. 아동 한 사람 한 사람은 여러 가지 욕구를 가지고 있는데, 그 욕구는 아동의 수만큼 다양하다. 그리고 그곳은 서로 간에 공감과 이해를 바탕으로 즐거움이 넘치는 곳이다. 또한 서로 스쳐지나가거나 대립하거나 갈등을 일으키기도 한다. 실습은 이러한 살아 숨 쉬는 현장에서 다양한 아동의 욕구와 만나고 때로 이를 중재할 위치에 놓이게도 한다. 이것이야말로 보육의 매일의 일상이고 보육교사가 있어야 할 자리이다.

다음의 사례를 보면서 실습생의 배움의 과정을 살펴보자.

사례1(실습일지)

대학 2년차 어린이집 실습 – 대학에서 최초의 실습

희수(5세아, 가명)는 '선생님 여기 보세요'라고 말하면서 즐거운 얼굴로 줄넘기를 하고 있다. 그때 방금 온 영희(5세아, 가명)에게 희수는 '같이 하자'라고 하여 나와 모두 세 사람이 같이 긴 줄넘기 놀이를 하게 되었다. 나(실습생)와 영희가 줄을 돌리고, 희수는 즐겁게 줄을 넘는다.

그때 미숙이(4세반 아이, 가명)가 와서 내 줄을 조용히 들어 돌리려고 한다. 희수가 '선생님이 아니면 안 돼'라고 말하였다. 나는 미숙에게 '선생님이랑 함께 돌릴까'라고 말하여 네 사람이 되었으나 희수가 세게 줄을 당겨가지고 달아나 버렸다. 나는 이대로 가게 해서는 안 된다고 생각하여 희수를 좇아가면서 줄을 당기고 '안 돼 안 돼'라고 말하였으나 들어주지 않았다.

보육현장에서 사례1과 같은 아동의 모습은 자주 보인다. 사례1의 희수와 영희의 기분은 미숙이 오기까지는 만족스러웠다. 미숙의 바람은 자신도 들어가서 함께 놀이하고 싶었던 것이라고 생각할 수 있다. 실습생은 미숙의 요구를 받아들여서 4명이 놀도록 제안하였으나 희수에게는 실습생의 중재가 수용되지 않았다. 영희는 화가 났고, 희수는 아무 말도 없이 그곳을 나가 버렸다. 미련이 남는 애매한 상태에서 놀이는 끝이 나버렸다.

그날의 실습의 돌아보기가 사례2이다.

사례2(실습일지)

나는 3명의 줄넘기에 대하여 그 기분은 이해할 수 있지만 대립하는 다양한 아동의 욕구에 직면하여 어떻게 해야 할지 몰랐다. 그리고 4명으로 줄넘기를 계속하면서 즐기도록 하려고 '선생님과 함께 돌릴까'라고 제안했다. 그 제안이 희수에게 받아들여지지 않고 일이 잘 되지 않아 다음에 어떻게 해야 할지 모르고 미혹에 빠졌다.
'말없이 가져가서는 안 된다'라고 일방적으로 전달하는 것은 좋지 않은 보육이라고 생각하고 있고, 다른 전달 방식이 생각이 나지 않아서 이 상황에서 아무런 개입을 못했을지도 모른다.

생각해 보기

- 이 사례의 희수, 영희, 미숙은 어떠한 발달과정에 있었을까?
- 이런 경우에는 어떠한 장면에서도 똑같은 결과일까? 이 사례만의 경우일까? 옆에 있는 사람이 교사가 아니라 실습생이기 때문일까?
- 일상을 함께 하고 있는 담임보육교사라면 이 사례의 아동들에 대해 어떤 지도를 하게 되었을까?

담임보육교사는 사건이 일어난 그 당시의 상황을 시간과 공간 속에서 종합적으로 이해함으로써 어떻게 상호작용할까를 판단한다.

예를 들어, 미숙이는 최근에 다른 장면에서도 사람들이 사용하고 있는 물건을 아무 말 없이 가져가서 종종 문제를 일으키고 있었다. 이것을 알아차린 보육교사는 신경을 쓰면서 주의 깊게 미숙이의 행동을 보고 있었다. 지금까지의 보육기록이나 어린이집 등하원 시의 보호자와 간단하게 나눈 대화에서 가정에서의 미숙이의 모습을 들어보려 하고 있었다. 그런 과정에서 최근에 어머니가 말은 하지 않았으나 무언가 평상시 같이 생활을 이어가려고 애쓰고 있는 느낌을 받았고, 이를 바탕으로 아동을 이해하고자 하고 있었다.

이런 정보를 기초로 보육교사는 최근의 미숙이는 보통 때와 다른 어머니의 분위기를 민감하게 느끼고 불안을 느끼고 있었고, 그 불안정을 언어로 표현하는 것이 어려워 행동으로 보여주고 있었다고, 미숙에 대해 이해하고 있었다.

사건이 일어나고 있는 상황을 여러 상황과 공간 속에서 다루어야 한다고 지도받은 실습생은 자신의 행동이 미숙이에게 '여기 지금'의 대응에는 맞지 않을지도 모른다는 것을 알아차리게 된다. 또한 4명이 즐겁게 '함께 돌리자'라고 제안한 자신의 중재가 받아들여지지 않자, 기분이 상해버린 자신의 모습도 알아차리게 되었다.

미숙이가 오기까지 즐겁게 놀고 있던 희수와 영희의 (실습생과 세 사람이 함께 즐겁게 계속 놀고 싶다는) 기분에도 대응할 수 없었고 애매한 채로 끝내고 만 것에 대하여 '어떻게 3명의 기분을 다 받아들이면서 모두가 만족하는 상황을 만들어낼까'에 대하여 계속 생각하게 되었다.

아동들이 대립이나 갈등을 통해 무언가 체험하고 배운다는 의미를 아는 것은 최초의 실습에서는 아직 어려운 일일 것이다.

4) 실습생의 하루일과

아동과의 원 생활은 등원으로부터 시작한다. 이른 아침 시간의 보육은 대개 통합 연령으로 이루어지는 것이 일반적이다. 아래 사례의 실습생의 하루일과도, 실습생이 배속되어 있는 2세아 반에서 시작한다.

사례3

실습생은 미숙(가명)이와의 소꿉놀이에 참여하면서 활동하고 있다. 아동들이 하나하나 등원해 온다. 미숙이와 같은 반의 아동들이 속속 소꿉놀이를 시작하고 다양하게 요리에 몰두하고 있다. 실습생은 소꿉놀이코너 가까이에 있는 미술코너에서 자른 종이를 가져다 사용하고 있는 두 아이에게 다가간다. 그리고 함께 자른 종이를 가지고 활동을 시작한다.
4세아 반의 나미(가명)와 동수(가명)가 종이를 가위로 자르고 있는 때, 종이자르기, 그림코너에서 모두와 얼굴이 익숙해진 2세 반의 선희(가명)가 와서 '마술봉을 만들자'라고 한다. 하지만 선희는 어떻게 만들면 좋을지 몰라서 몇 번이고 실습생에게 되묻다가 결국 화가 나서 울기 시작했다. 그 모습을 보고 곁에 있던 나미가 '자른 종이를 가늘게 말아서 봉을 만들라고 알려줘요'라고 실습생에게 가르쳐준다.

교사는 아동이 생활 속에서 어떠한 경험을 하기를 바라는가를 생각하면서 도움을 주고 있다. 그러나 보육교사는 시시때때로 모든 아동의 움직임을 직접 파악하기 곤란하다. 그래서 함께 생활하는 아동들이 서로서로를 돕고 지지하도록 하고 있다. 사례3은 아동과의 생활 경험이 적은 실습생이라 2세반의 선희의 요구가 잘 이해되지 않았고, 따라서 몇 번이고 반복해서 물어보게 만들었고, 결국 화나게 했다. 실습생보다 오래 접촉해온 4세반의 나미가 선희의 요구가 무엇인지 알려주었고 따라서 선희에게 대응할 수 있었다.

보육은 아동이 스스로 자신의 생활을 하도록 보장하면서 그 위에 현재의 아동들의 다양한 욕구나 바람을 받아들여주는 것이다. 그리하여 구체적으로 살아가고 있는 현실 속에서 어떤 방향으로 나아가야 하는가를, 날마다 개별의 아동을 통하여 생각하고 만들어가는 것이다. 실습일지에도 보이듯이 아동을 보호하고 키우기 위해 특별한 것이 있는 것만은 아니다. 하루하루의 연속선 속에 보육이 있고 자람이 있는 것이다.

5) 보육실습의 하루일과와 실습생의 일상 지도

보육실습은 하루일과의 흐름 속에 영역별 활동과 영유아의 일상생활을 지도하는 것이다. 보육실습 지도교사는 보육실습생에게 하루일과의 운영 중 일상적으로 반복되는 부분과 각 영역별로 고려해야 하는 보육활동의 지도법을 마련하여 체계적인 실습지도가 이루어지도록 하고 있다. 다음은 영아반과 유아반에서 반복적인 일상생활 지도에서 교사가 고려해야 할 사항을 정리한 것이다.

(1) 0, 1, 2세의 하루일과와 교사 및 실습생의 일상 지도

시간	활동	교사의 행동
7:00	등원 조기보육	아동의 이름을 부르면서 반갑게 인사한다. 아동의 상태를 시진한다(기분, 건강, 청결 상태 등). 자신의 겉옷과 소지품을 정리할 수 있도록 돕는다.
7:30~9:00	등원 후 좋아하는 놀이하기	아동의 필요에 맞추어 상호작용 한다.
9:00	모인다	출결을 확인하고, 다같이 인사를 한다.
9:15	기저귀 교환, 배설 수분공급, 간식	개별적으로 이름을 부르면서 손 씻기 및 기저귀를 갈아준다. 손 씻기와 기저귀 교환의 상황을 긍정적인 언어표현으로 격려하면서 편안한 분위기를 조성한다. 자리 안내 및 턱받이 등 준비를 돕는다.

시간	활동	교사의 행동
		영아 옆에서 스스로 먹을 수 있도록 격려한다. 간식 그릇을 정리할 수 있도록 돕는다.
10:00	학급활동 수유, 또는 이유식	아동의 활동에 맞추어 상호작용을 한다. 영아의 발달에 따라서 수유, 이유식을 돕는다.
11:30	점심(준비~정리) 기저귀 교환, 배설	점심 식사준비, 식사, 정리까지 개별적 요구에 맞춰 도움을 준다. 영아에게 스스로 먹을 수 있도록 어느 정도 지저분해지는 것을 허용해 주어야 한다. 거부하는 음식의 경우 지도교사와 협의하여 양을 조절해 주거나 조금씩 시도해 보고, 천천히 먹도록 해 준다. 영아의 발달에 맞춰서 돕는다.
13:00	낮잠	영아의 이름을 불러가며 개별적으로 이닦기, 손 씻기, 화장실 가기 등 낮잠을 위한 준비를 한다. 영아가 낮잠을 잘 공간을 사전에 점검하고 아늑하고 편안한 분위기를 만든다. 자지 않는 아이, 먼저 깨어난 아이에 맞추어서 도움을 준다.
14:30	낮잠 종료, 옷 갈아 입기	옷 갈아 입기를 돕는다.
15:00	간식 기저귀 교환, 배설	필요에 맞춰서 도움을 준다. 영아의 발달에 맞춰서 돕는다.
15:30	실외놀이	사전에 놀잇감을 점검하고 준비한다. 겉옷과 신발 신는 것을 돕는다. 자연물 탐색활동에 적극 참여한다. 아동의 필요에 맞춰서 상호작용한다.

시간	활동	교사의 행동
16:00	순차적으로 하원	지도교사보다 먼저 부모를 맞이하고 영아의 상태를 전달하지 않도록 주의한다. 보호자에게 오늘의 아동의 모양을 전하고, 인사를 한다.
18:00	시간외 보육(연장보육)	아동의 모양을 봐 가면서 하원까지 돌본다.
19:00	↓	↓

출처: 보육실습 가이드(보육진흥원, 2015)

(2) 3, 4, 5세의 하루일과와 교사 및 실습생의 일과지도

시간	활동	교사의 행동
7:00	등원 조기보육	유아의 이름을 부르면서 반갑게 인사한다. 아동의 상태를 시진한다(기분, 건강, 청결 상태 등). 자신의 겉옷과 소지품을 정리할 수 있도록 돕는다.
7:30~9:00	등원 후 좋아하는 놀이하기	아동의 요구에 맞추어 상호작용을 한다.
9:00	모인다. 수분공급	출결을 확인하고, 인사를 한다. 아동의 모양을 봐가면서 수분을 공급한다.
9:30	자유선택활동	유아의 발달에 맞추어 상호작용한다.
11:00	점심(준비~정리까지)	식단의 내용을 이야기하며 바른 식습관 지도를 돕는다. 혼자 먹을 수 있도록 격려하며 식사 후 주변을 정리할 수 있도록 한다. 즐겁게 먹도록 편안한 분위기를 조성하고 개별적인 상호작용을 한다. 준비, 식사 중, 정리까지 한 사람 한 사람에 맞춰서 필요한 도움을 준다.

시간	활동	교사의 행동
13:00	이닦기, 옷갈아 입기 낮잠	스스로 낮잠을 준비할 수 있도록 한다. 낮잠을 거부하는 유아는 별도의 조용하고 편안한 공간을 마련하여 휴식할 수 있도록 한다. 이닦기, 옷갈아 입기를 돕는다. 자지 않는 아이, 깨어난 아이에 맞춰서 상호작용한다.
14:30	낮잠 종료	옷갈아 입기를 돕는다.
15:00	간식 좋아하는 놀이	아동의 요구에 맞춰서 돕는다. 아동에게 맞는 상호작용을 해 준다.
16:00	순차적으로 하원	실습생은 귀가지도 전에 지도교사에게 유아의 놀이상황에서 발생한 특이 사항을 전달한다.
18:00	시간외 보육(연장보육)	아동의 모양을 봐가면서 하원까지 돌본다.
19:00	↓	↓

출처: 보육실습 가이드(보육진흥원, 2015).

2 신임보육교사의 자리잡기

교사가 될 꿈을 가지고 보육교사 양성학과에 입학하고, 꿈을 실현하여 신임보육교사가 되었으나 이내 이직하고마는 경우가 최근 많이 있다. 신임보육교사로서 1년도 버티지 못하고 괴로운 경험을 하게 되는 교사는 대체 어떤 사태에 직면하고, 고민하고, 괴로워하는 것일까? 신임보육교사가 경력교사로 정착하고 자리잡기까지의 과정을 들여다보자.

보육시설에서의 하루는 등원한 아동들의 웃는 얼굴과 활기 넘치는 '안녕하세요'로부터 시작한다. 자유놀이 시간이 되면 아동들은 소꿉놀이에서 만들었던 요리를 '선생님 먹어보세요'라고 하며 가져다 준다든지, 쌓기놀이에서 만든 집을 자랑스럽게 보여준다든지 한다. 담임교사가 아침 당번이라 아동들보다 빨리 퇴근할 때는 '선생님, 바이바이. 내일도 오시죠? 와요?'라고 몇 번이고 물어본다. 아동들에게 배웅 받으면서 따뜻한 마음으로 '내일도 열심히 해야지'라는 생각을 가지고 하루를 마칠 수 있다.

신임보육교사가 새롭게 출발하여 교사로 정착하고 성장하여 가는 과정에는 여러 단계가 있다. 여기에서 그 과정을 사례를 중심으로 살펴보자.

1) 신임보육교사의 배움과 성장

신임보육교사는 교사로서의 첫 발을 내디딘 후에 여러 위기에 직면하고 다양한 경험을 축적하면서 한 사람의 교사로 성장하여 간다. 이러한 교사의 성장에 대해 다양한 견해가 있으나 대체로 신임보육교사의 성장발달단계를 다음과 같이 소개한 연구가 있다. 앞 장에서 설명한 베너의 해석을 참고하면서 비교해 보자.

⊃ 표 8-1 신임보육교사의 성장발달단계

카츠의 발달단계	베너의 발달단계	경력/직급	인지수준	발달단계별 전문성 수준 구성
생존기 (~첫1년)	초심자	만0년 이상 초임교사	인식, 이해, 적용	보육교사에게 필요한 지식, 기술, 태도를 인식하고 이를 이해하며, 이러한 인식과 이해를 기초로 기본적인 것을 적용하는 역량을 중심으로 구성함

카츠의 발달단계	베너의 발달단계	경력/직급	인지수준	발달단계별 전문성 수준 구성
강화기 (1년말~3년)	신인	만3년 이상 (경력교사)	적용	보육교사에게 필요한 지식, 기술, 태도에 대한 인식과 이해를 기초로 체계적으로 적용하고 실천하는 역량을 중심으로 구성함
갱신기 (2~5년)	중견	만6년 이상	분석, 평가	새로운 일이나 연구를 이해, 분석하여 적용함으로써 역량을 확장하고, 다른 교사들을 지원하는 역량을 중심으로 구성함
성숙기 (5년 이상)	장인	만9년 이상 (원장)	창조	기관의 운영에 대해서 판단하여 결정하고, 기관 운영을 위해 개발하며, 다른 교사들, 부모, 지역사회를 지원하는 역량으로 구성함

출처: Katz(1989)와 신은수 외(2011)를 재구성(공인숙 외, 2017 재인용).

표 8-1에서 보면 신임보육교사는 경력이 3년 미만인 교사로서 베너에 의한 분류로는 초심자, 신인에 해당한다. 이때는 보육교사에게 필요한 지식, 기술, 태도를 이해하고, 기본적인 것을 적용하고 자신의 역량을 키우기 위해 고군분투하는 시기이다. 규칙을 충실히 지키고 주어진 업무를 이행하지만 응용은 어려운 시기이고, 사태를 보는 시야가 좁아서 상황을 적절하게 통제하는 능력이 부족한 시기이다. 따라서 주위의 경력 교사나 원장의 도움과 지지가 절대적으로 필요한 시기이기도 하다.

원장과 경력교사는 신임보육교사가 조직의 문화와 인적 환경에 적응하도록 지원하고, 자신의 학급을 운영하는 데 어려움이 없는지 주의 깊게 지켜보고 상담이 필요할 경우는 상담해 주면서 신임보육교사가 적응하도록 지원해야 한다. 그럴 경우 신임교사가 좀 더 빠르게 적응하고 조직문화에 안착하는 결과를 가져올 수 있다.

구체적인 성장의 과정을 다음의 사례로부터 살펴보자.

사례1

공격성 있는 아동에 대한 신임보육교사의 태도

철수(가명)는 흥분하면 친구들을 깨물고, 어딘가로 나가버리는 경향이 있다. 신임보육교사 박(가명)선생은 철수가 위험한 행동을 할까봐 항상 보고 있지 않으면 안 된다고 생각하였다. 때문에 박선생은 철수가 친구들과 놀고 있을 때 그 상황을 '감시하듯 지켜본다'는 기분이 들었으나 본인은 알아차리지 못했다. 그러면 아동들은 '선생님은 철수를 보고 있을 때 항상 무서운 얼굴을 하고 있어요'라고 말하였다. 박선생은 그때 자신의 기분을 돌아보고 자신이 철수를 볼 때 '감시'의 느낌으로 보고 있었다는 것을 알아차렸다.
'감시하듯 지켜보다'는 느낌에서 '지켜보다'는 기분으로 바뀔 때 철수가 놀이를 즐기고 있는 모습을 알아차리게 되었다. 그 이후 알지 못하는 사이에 철수가 친구들을 깨무는 횟수도 점점 줄어들었다.

사례2

신임보육교사와 원장과의 관계

원장은 보육환경이 진정되지 않는 것 때문에 철수가 밖에 뛰어나간다고 생각하였다. 그래서 신임보육교사 박선생에게 철수의 아지트가 되도록 작은 공간을 보육실에 만들어주라고 제안하였다. 박선생은 원장의 조언을 받아서 보육실의 동선을 배려하면서 보육실의 환경을 재구성해 보았다. 그 결과 적목코너가 철수의 거처가 되었다. 철수는 심심하면 적목코너에 가서 데굴데굴 구르고 있었다. 기분이 진정되면 다시 활동하고 보육실에서 급히 뛰어나가지 않게 되었다. 보육실에서의 생활도 진정하고 활동하게 되었다.

원장이 철수의 문제를 이해하고 '아동은 즐거움이 최우선'이라고 말하면서 박선생에게 용기를 주었다. 이것이 실마리가 되어 박선생은 보육의 실체가 조금 손에 잡힌다고 느끼고 보육을 즐거운 것이라고 생각하게 되었다. 원장의 조언을 듣고 박선생 자신도 앞으로 보육에서 잘해 보고자 하는 생각을 더 가지게 되었다. 보육교사의 변화에 호응하듯이 철수의 생활에도 변화가 생겼다. 원장의 조언이 신임보육교사의 성장으로 연결된 것이다.

2) 어느 신임보육교사의 기록

사례

나는 지금 2세아 반의 담당이다.
'선생님 좋아요'라고 달려와 안기는 귀여운 아동들에게 둘러싸여서 신임보육교사로서의 매일을 보내고 있고, 벌써 반년이 지났다. 보육교사라고 하는 일은 결코 즐겁기 만한 일은 아니라고 느끼고 있지만, 그래도 역시 아동들과 보내는 매일은 웃음으로 넘치고 있다.
아동들과의 상호작용에서도, 예를 들어 울고 있는 친구들에게 화장지를 가져다 준다든지, 자신이 가지고 노는 장난감을 친구들에게 빌려준다든지 하는 등 그런 광경을 빈번하게 볼 수 있다. 아이들은 서로서로 상호작용을 통하여 친구들을 생각해 주는 마음을 키워가는 것 같다. 그렇게 상대의 기분을 알아주고, 상대의 바람에 맞춰서 행동하는 것을 보면서 우리 아이들로부터 오히려 내가 배운다고 느끼고 있다. 이러한 보육현장은 아이들, 보육교사, 보육교사 동료 등 사람들 사이의 풍부한 상호작용을 통해 서로서로가 성장해가는 장이라고 느끼게 되었다.
아동의 성장발달을 촉진시키기 위해 내가 중요하게 생각하고 있는 것은 보호자와의 관계이다. 최근의 수개월간 나는 보호자에게 아동의 그 날의 모습을 점점 더 많이 세심하게 전달하였다. 그러자 보호자도 아동의 가정에서의 모습을 전달해 주게 되었다. 그러한 보호자와의 상호작용이 깊어진 덕에 보호자의 걱정거리를 함께 나누고, 아동의 성장 과정에서 볼 수 있는 작은 감동을 공유하고, 아동들의 성장을 함께 지켜보는 중요성을 알게 되었다.
이러한 보육직업은 할 만한 가치가 있는 멋진 일이라고 느끼고 있지만 신임보육교사인 나로서는, 직장으로서의 보육시설이 즐거운 것이나 감동만 있는 장소는 아니다. 보육은 몸과 마음의 생명이 만나서 이루어지는 경영이기 때문에, 그 한 사람 한 사람의 존엄한 생명과 상호작용하는 순간 순간이 진검승부라고 생각하고 있다. 10명의 사람이 있다면 10가지의 성격, 10가지의 발달단계, 10가지의 사고방식이나 호불호가 있다. 우리들이 그것들을 파악하기 위해서는 시간을 들여서 한 사람 한 사람을 이해하는 것이 필요하다. 게다가 아동의 각자의 개성을 살려가면서 반 전체를 경영하는 것도 대단히 어려운 일이라고 느끼고 있다. 생각대로 보육이 흘러가지 않고 내가 생각하고 있는 이상적인 보육과 실제 보육이 동떨어진 것은 아닌가 고민할 때도 적지 않다.
이러한 보육기술이나 경험 등의 부족으로 인한 고민과 함께 보육교사 동료와의 상호작용 방법도 고민 중의 하나이다. 예를 들어, 선배 선생님으로부터의 조언이 엄하게 들리는 경우도 있다. 그러나 그러한 미숙한 나를 지탱해 주는 것 또한 선배 선생님이다. 직장에는 친절하게 상담해 주는 선배도 있지만, 엄하게 말해 주는 선배 선생님도 반드시 있다. 열심히 하려고 생각해도 보육이 잘 안되고 고민하고 있던 나에게 선생님은 '1년째라서 잘 못하는 것은 당연해. 좀 더 힘을 내면 좋겠어요', '사람들이 요구하는 것을 기억하는 것, 일 속에서'라고 마음 가벼워지는 조언을 많이 해 주는 사람도 있다. 또한 선배 자신의 반 업무도 많을텐데 내가 바빠서 어쩔줄 모르는 시기에는 반드시 '괜찮아?'라고 신임인 나의 마음을 알아준다. 때로는 엄하게 때로는 상냥하게 나를 이끌어주는 선생님이 있기 때문에야말로 불안을 안고 있어도 지금까지 해온 것같아 마음 깊이 감사하고 있다. 이러한 여러 선생님들의 지원에 더하여 신임인 나를 지탱하는 또다른 것은 같은 시기에 보육교사로서 일하기 시작한 동료들의 존재이다. 근무하는 장은 달라도 같은 환경에서 일하는 동료들과는 공감하는 것이 많이 있다. 이러한 고락을 나누는 동료와의 상호작용은 하루하루의 보육을 활성화시키기 위해서도 내일의 보육을 향하여 나아갈 힘을 얻기 위해서도 나에게는 없어서는 안 되는 것이다.
지금까지 신임보육교사로서 체험하고 배울 수 있었던 것은 아동과의 상호작용의 놀라움, 보호자와의 상호작용의 중요함, 보육교사 간의 연결, 신입사회인을 지지하는 인간관계의 중요성이라고 할 수 있다. 그러나 그중에서도 내가 보육학생으로 있는 여러분에게 가장 전달하고 싶었던 것은, 보육교사로서 아동들과 보내는 매일 매일에는 작은 행복이 있다는 것이다.
매일 매일 스스로 할 수 있는 것이 조금씩 늘어가고 천천히 때로는 놀라울 정도로 빨리 성장하여 가는 아동들. 나는 알아차리지 못하는 매일의 일상 속에서 내가 살아 있다고 실감하는 행복함을 아동들이 주고 있는 것이다. 작음 몸으로 주변을 뛰어다니고, 큰소리로 웃고, 잘 먹고, 잘 자고, 잘 놀고 있는 아동들을 보고 있으면 마음으로부터 사랑이라고 하는 감정이 솟아오른다. 아동들의 웃는 얼굴을 통해 구원받고, 아동들과의 상호작용으로 마음이 따뜻해지는 경험도 수없이 많다.
그 작고 존엄한 생명을 바라보면서 성장을 가까이서 지켜줄 수 있는 보육직은 매우 훌륭한 직업이라고 생각한다. 보육에서 얻어지는 행복에 감사를 느끼면서 하루하루 생활하고 있다. 그리하여 무엇보다도 중요한 것은 아동들이 어린이집의 생활 속에서 살아가는 기쁨을 느끼게 하는 것이라고 생각한다. 나는 아동들이 보육교사인 나로부터 충분히 수용되고 있다는 충만감을 맛보도록 하는 보육을 목적으로 하고 싶다. 아동의 행복을 위하여 아동의 웃는 얼굴을 위하여 보육의 길을 함께 걸어가 보자.

3) 선배가 신임의 보육교사에게 전하는 말

사례

나는 현재 공립 어린이집의 보육교사로 근무하고 있다. 보육의 일이 좋은 것은 뭐니뭐니 해도 건강 넘치는 아동들의 웃는 얼굴과 에너지를 받아가면서 아동들의 성장을 매일 가까운 곳에서 보고 느끼는 것이다. 아동들의 능력을 충분히 끌어내서 건강한 미소를 보기 위해서는 연령이나 발달에 대응하는 계획을 세우고 보다 좋은 보육을 실천하기 위해 세세한 준비가 없어서는 안 된다. 그리고 동시에 아동들 간의 다툼을 해결하고 행사를 계획하고, 보호자와 상담하거나 평가에 임하는 등 매일 매일이 분주하다.

그런 가운데 선배 보육교사에게 배운 것으로, 항상 생각나는 단어는 '한 걸음 더, 한마디 더 하는 친절'이라는 것이다. 이 말이 의미하는 것은 보육을 일로서 하고 있는 이상은 아동이나 보호자에 대한 것만이 아니라 동료에 대해서도 '이 정도면 충분해'가 아니라 한 걸음 더, 한마디의 말을 더 거는 마음먹기라는 것이다. 이 같은 마음먹기를 계속하면 보육교사로서의 생활에서 후회나 불필요한 문제가 감소되는 것 같다.

한 때 이 단어의 의미를 곱씹으면서 되새김했던 적이 있었다.

한 사람 한 사람의 보호자의 표정을 보면서 '오늘 아침에는 그 어머니 표정이 밝지 않았다. 괜찮은 걸까'라고 마음에 걸렸던 적이 있었다. 그래도 보통 때처럼 출근 준비를 하고 직장으로 향하는 모습에 '아마 괜찮겠지'라고 보아 넘겨버렸다. 그러자 복수담임을 했던 다른 보육교사가 '어머니 괜찮으세요? 무슨 일이 있었어요?'라고 말을 걸었다. 그걸 계기로 그 어머니가 참았던 울음을 쏟아내듯이 울기 시작하였다. '아빠는 일 때문에 매일 집에 늦게 돌아오고, 아이는 주로 엄마인 내가 돌보고 있지만 직장 일로 피로도 있고, 그 나이 특유의 어리광이라고 알지만 아이의 생각을 받아주는 것이 잘 되지 않아서 손을 들어버리고 말았다'는 것이다. 최근에는 줄곧 자기혐오에 빠져 보내고 있고, 일하는 중에도 그 때문에 신경이 쓰여서 정말로 괴롭다고 하는 것이다. 단숨에 말을 쏟아낸 후, 일터로 향하여 갔으나 다음날 어머니로부터 '그때 선생님에게 말을 털어놓지 못했으면 어떻게 되었을지 몰라요, 정말로 도움이 되었어요'라고 말하는 것을 들었다. 나는 '괜찮겠지'라고 생각하고 어머니의 SOS를 알아채지 못했던 것을 후회하였다. 그리하여 그와 동시에 한 번 더 '한마디 더' 하는 말 걸기의 중요성을 느끼게 되었다. 양육의 불안이나 고민은 쌓이면 상시적인 학대로 연결되는 경우도 있다. 그런 점에서 해결을 해 주는 것이 아니라, 생각을 내뱉도록 하는 것만으로, 단지 들어주는 것만으로도 중요하다는 것을 다시 한 번 느끼는 계기가 되었다. 그 이후 다른 반의 아동이나 보호자의 모습을 포함하여 부지런하게 정보를 교환하려고 의식하게 되었다. 반 운영은 물론이고 직장 전체의 운영은 상호 간의 보완으로 도움을 주고받는 것이 중요하다. 아동을 보는 데에는 다양한 관점이 있기 때문에 때로는 판단이 애매한 경우도 있다. 그런 때야말로 아동을 위해 최선의 것은 무엇일까라는 것을 제일로 생각하여 행동하는 것이 중요하다.

여기서 또 하나, 자신의 보육경력을 업그레이드시키기 위해서 구체적인 하나의 방법을 소개하고 싶다. 필요한 것은 단지 하나, 1권의 노트이다. 여기에 보육을 하고 있는 중에 선배 보육교사에게서 받은 조언, 선배나 동료 보육교사를 보면서 '이것은 좋아'라고 생각한 보육, 계절의 행사, 보육하는 가운데서 들은 원 포인트 어드바이스나 필요한 배려 등에 대해 어쨌든 메모하는 것이다. 무엇을 해도 불안이 많은 신임보육교사는 그것을 몇 번이고 다시 들여다보고 자신만의 체계로 만드는 것이 재산이 되고 힘이 된다.

내가 일하기 시작하면서 수년간 적어 놓은 것 중에는, 검진 시에 주의해서 준비해야 할 서류나 파악해 두고 싶은 아동의 상태, 행사 전 선배 보육교사의 보호자와의 상호작용 방법, 행사당일에 아동들이 진정하고 느긋하게 보내도록 하는 세밀한 배려, 다른 반이나 조리사 등과 잘 연락하기 위해 잊어서는 안 되는 것, 게다가 싸움의 대응이나 싸움의 중재 방법의 팁, 자신에게는 생각나지 않는 놀이의 흐름이나 진행방식 등, 다채로운 내용이 기록되어 있다. 지금 생각하면 매우 기본적인 것도 있지만 일하기 시작하면서 수년간 '불안하거나, 몰랐던 것'들이, 지금은 어린 직원이나 실습생에게 조언하여 활용할 수 있는 것이 되었다.

나는 근무한 지 10년 가까이 되었지만 지금도 선배 보육교사나 동료만이 아니라 후배나 실습생으로부터 배우는 것도 많이 있다. 경험을 쌓고 많은 것이 가능하게 된 반면에 잃어버린 배려나 알아차리지 못하고 놓치는 것이 있는 것이다. 돌아보면 그것을 반복해서 들여다봄으로써 자신의 보육을 돌아보고 새로운 관점을 얻는 데 도움이 된다. 경력 연수를 쌓아서 베테랑이 되어도 아동 한 사람 한 사람의 모습은 다른 것이다. 아동의 성장과 함께 우리들 보육교사도 아동과 함께 성장해가지 않으면 안 된다고 생각한다. 보육의 매뉴얼 책은 있지만 그것과는 다른, 세계에 하나뿐인 나만의 오리지날 '파워 업 노트'를 반드시 만들기를 바란다.

마지막으로 한 가지 더, 보육교사는 아동에게 인생의 선배이다. 아동이 가진 풍부한 감성을 맞추어주도록 보육교사 자신도 자신이 좋아하는 것에 에너지를 모아서 감성을 갈고 닦기를 바란다. 기술이나 경험에 뒤지지 않는 것이 바로 풍부한 인간성이다. 아동은 성인을 보고 자란다. 보육교사가 풍부한 감성이나 인간성을 가지고 있으면 아동은 보육교사에게 인간적인 매력을 느끼고 더불어 살게 될 것이다.

보육이라고 하는 일은 아동의 성장의 기쁨을 나누어 맛보는 동시에, 인격형성의 기초를 형성하는 중요한 시기에 아동과 가까이서 상호작용해야 하는 중요한 책임을 담당하는 일이다. 경험 햇수와 상관없이 보육에 종사하는 사람에게 필요한 것은 경험이나 지식이나 보육의 기술 이상으로 아동을 사랑하고 아동을 위해 생각하는 마음가짐이다.

보육교사로서 아동들의 빛나는 미래를 향해 함께 나아가는 것을 기뻐하기 바란다.

활동하기

1 나의 성장 계획표 만들기

1) 단기목표 세우기

2) 장기목표 세우기

2 올해 계획했던 작은 목표들을 10가지 열거하고 성취율 기록하기

구분	목표	성취율
목표1		
목표2		
목표3		
목표4		
목표5		
목표6		
목표7		
목표8		
목표9		
목표10		

3 대학생활의 목표를 세워보기

1) 10년 간의 장기 목표를 세워보자.

순번	중간목표	평가기준
1년뒤	2학기 중간고사에서 학점을 올린다.	
2년뒤	졸업을 대비하여 ~을 배운다.	
5년뒤	어린이집 교사 3년차로	
10년뒤		
최종		

2) 목표달성의 성취 여부를 판단하는 기준을 생각해 보자.

목표 내용	평가기준

MEMO

Chapter 09

경력 보육교사의 전문적 성장

1. 보육교사의 자질, 능력의 향상
2. 보육교사가 성장하는 환경
3. 보육교사 각 개인이 가진 개성을 살려서, 인간으로서의 성장을 지속하기
4. 다양한 아동과 만나는 보육교사의 대응

영유아기는 인간형성의 기초를 배양하는 지극히 중요한 시기이므로 그 생활시간의 대부분을 보내는 보육시설, 유치원은 어느 기관보다 중요하다고 할 수 있다.

여성의 사회진출이 증가함으로써 보육수요가 높아지고 어린 나이부터 어린이집에 등원하는 아동 수도 증가하고 있다. 또한 발달장애 등 특별한 보육요구를 가진 아동들에 대한 통합보육도 점점 더 필요하게 되었다. 보육서비스의 다양화, 보육수요의 증가 등에 대응하면서도 아동의 이익을 최우선으로 하는 보육의 기본에 충실한 보육실천의 전개가 요구되고 있다.

이런 목적을 달성하기 위해서 보육교사가 아동의 행동이나 그 내면을 이해하고 유아기에 맞는 생활을 보장하는 전문적 능력과 기술을 갖출 것이 기대된다. 나아가 보육교사들의 성장과 고충을 지지하고 지원해 주는 폭넓은 지원과 노력도 요구된다. 이 장에서는 이러한 경력 보육교사의 전문적 성장에 대해 다루게 될 것이다.

1 보육교사의 자질, 능력의 향상

1) 보육기술의 향상

성장과 발달이 두드러진 시기에 아동과 유익한 생활을 보내고, 유아가 즐겁게 놀이하면서 자기충실감을 맛볼 수 있도록 보육교사는 다양한 기술을 몸에 익히고 하루하루 자신을 향상하도록 노력하지 않으면 안 된다. 오늘의 실천이 내일의 보육에 연결되도록 교사는 아동의 성장에 관심을 가지고, 아동으로부터 배우고, 주체적으로 아동이해의 실력을 쌓아가는 것도 필요하다.

보육교사가 목표를 가지고 기술을 향상시켜가는 하나의 방법으로 PDCA 사이클의 활용이 있다. P(Plan)는 계획하다, D(Do)는 행동하다, C(Check)는 확인하다, A(Action)는 개선하다를 의미한다. 보육이 충실하게 될 수 있도록 PDCA 사이클을 도는 것은 매우 유용하다. 그 수순을 그림 9-1에서 보여준다.

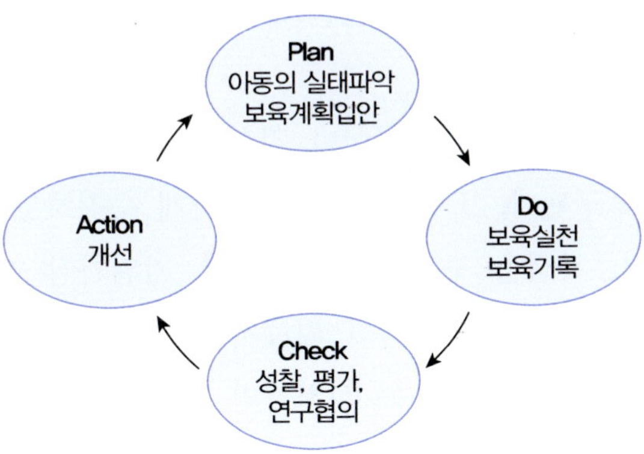

그림 9-1 PDCA 사이클

2) 경력 교사에게 요구되는 자질과 능력

어느 시대에도 변함없이 보육교사에게 요구되는 자질과 능력이 있다. 이를테면 아동에 대한 애정이나 책임감, 보육자로서의 사명감 등이다. 또한 보육의 전문가로서 누리과정이나 표준보육과정에서 제시하는 영역의 내용에 관한 전문지식을 몸에 익히는 것도 필요하다. 나아가 아동의 발달을 이해하는 힘이나 지도계획을 입안하여 실천하는 힘, 교재를 연구하고 공부하는 능력, 그것들을 실천하는 힘을 겸비해야 한다. 또한 가정과 연락하여 한 사람 한 사람의 아동의 성장을 지원하는 것도 중요한 역할이다. 보호자와의 신뢰관계를 구축하는 힘이나 특별한 지원을 필요로 하는 아동에 대한 상호작용을 실천하는 지도력, 여러 과제에 적절하게 대응하는 능력도 요구된다.

이러한 기본적인 능력 외에 새로운 시대의 교사에게 요구되는 역할도 있다.

(1) 자신의 능력을 꾸준히 향상시키고, 새로운 과제에 대응할 수 있는 힘

보육교사는 스스로 탐구심이나 진취성을 가지고 배움을 계속하는 자세가 요구된다. 또한 정보를 적절하게 수집하고 선택하고 활용하는 능력, 지식을 구조화하는 능력을 키워가야 한다. 예를 들면, 눈앞의 아동들을 이해하기 위해서는 보육교사가 여러 각도에서 아동을 관찰하고, 도움을 실천하기 위해 시행착오를 거치면서 환경을 정비하고, 아동의 성장을 직원 간에 공유하고, 보호자에게 전달하기 위해 이를 가시화할 필요가 있다. 이를 위해 다양한 첨단 매체를 다루고 활용할 수 있는 능력을 꾸준히 연마하는 것도 필요하다.

(2) 조직적 · 협동적으로 여러 문제를 해결하는 힘

교사는 한편 다양한 전문성을 가진 인재들과 효과적으로 연락하고 분담하여 조직적·협동적으로 여러 문제를 해결하는 힘을 가질 필요가 있다. 최근의 사회상황이나 가정을 둘러싼 상황이 변화함에 따라 특별한 지원이 필요한 아동이 점점 증가하고 있다. 또한 학대나 빈곤가정을 어떻게 대응할 것인가 등 아동을 이해하는 것에 더하여 보호자 지원의 다양화에 대해서도 대응할 수 있는 힘이 필요해지고 있다.

구체적으로는 원내연수에서 발달지원 상담의 전문가(임상심리사 등)를 초빙하여 실제의 보육 사례를 기초로 사례회의를 열 수 있다. 또한 그런 슈퍼바이저를 기초로 실천을 바로잡을 기회를 가지는 것도 필요하다. 보호자의 승낙이 있다면 임상심리사가 전문가로서 아동과 가족을 위해 조언할 기회를 갖는 것도 생각할 수 있다. 그를 위해서는 지역사회의 자원이나 인적 자원을 심도 있게 조사하여 두는 것이 중요하다.

(3) 실천을 통해 성찰하고 배우는 교사의 자질

취학 전 영유아를 보육하는 것이란 그 아동의 생애 초기에 인격형성의 기초만들기에 관여하는 것이라고 말할 수 있다. 아동은 가까운 성인을 모델로 하여 성장하기 때문에 교사의 언행 하나하나에 영향을 받고 있다. 또한 보호자가 안심하고 아이를 맡기기 위해서는 보육교사에 대한 인간성을 신뢰하는 것과 더불어 전문성에 대한 신뢰가 요구될 것이다. 이를 위해서 스스로 보육을 성찰하고 돌아보는 자세가 중요하다.

아동을 보육한다는 것은 보다 좋은 인간관계를 쌓아가는 것이기도 하다. 영아의 경우라면 돌봐주는 사람에게 전면적으로 의존하지 않으면 살아갈 수 없는 존재이기 때문에 보육은 '보상을 요구하지 않는 애정'에 근거한 신뢰관계를 구축하는 것이 기본이라고 할 수 있다. 이처럼 보육교사에게 요구되는 자질, 능력에는 다양성이 있다는 것을 다음의 3가지 사례를 참고하여 이야기하고 싶다.

사례1

아동의 기분을 수용하기

7월 학기 중에 입학한 1세아 인수(가명)가 보육교사에 업혀서 울고 있다. 어머니를 만나고 싶다고 울고 있지만 울고 있다고 말하기보다는 악을 쓰고 있는 상황이 1시간 이상 지속되어 담당교사도 '언제 그치려나…' 초조해하면서 어쩔 줄 몰라 하고 있다. 이 담당교사는 생각했다. '태어난 지 1년도 안 돼서 엄마와 떨어진 인수가 불안해하는 것은 당연한 일이기 때문에 그 불안을 당연한 것으로 받아주자.' 몸은 피곤하지만 다른 담임보육교사에게도 도움을 받으면서, 조금씩 인수와 맞추어 가고 인수의 생각을 받아들여주게 되었고, 인수는 처음으로 힘을 내서 울음을 그치기 시작했다.

이 사례에서 알 수 있듯이 교사가 울어 젖히는 아동의 '지금'의 심정을 있는 그대로 받아들여줄 때 울음을 그치는 결과를 가져왔다. '언제까지 울까'라고 미래에 대해 불안해 하기보다 '울고 있는 지금의 기분에 맞추어'라고 하는, 아동의 지금의 기분에 보다 가까이 다가가는 여유와 자비로움의 중요성을 알 수 있을 것이다.

사례2

아동의 성장의 힘을 믿어주기

1세아 반의 여자 아이 지수(가명)는 2월생이라는 것도 있지만, 혼자 걷기도 반에서 가장 늦은 아이였다. 어린이집의 정원에서 자유놀이를 하고 있을 때였다. 0세아 반의 아장아장 걷는 남자아이 태민(가명)이가 놀이터의 한가운데서 엉덩방아를 찧었다. 그 모습을 보고 있던 지수가 빠른 걸음으로 좇아가서 태민이의 엉덩이에 묻은 모래를 손으로 털어주었다. 보통은 자신의 일에 예민한 지수에게는 좀처럼 볼 수 없는 일이지만 자신보다 어린 아동과 훌륭하게 상호작용하는 모습을 보고, 아동의 내면에서 자라고 있는 생각이나 마음을 알아차릴 수 있는 사건이었다.

보육을 실천할 때 교사는 가능한 한 빨리 결과를 요구하게 된다. 예를 들어, 아동이 친구들과 놀던 장난감을 무리하게 빼앗아 버릴 때, 상대를 넘어뜨릴 때 상대에 대해 사죄의 말 '미안해'를 말하도록 한다. 중요한 것은 그 장면에서 사과하는 것보다도 자신이 해버린 일로 인해 친구들이나 교사가 괴로움을 당한다는 것을 아는 것이다. 하루하루 생활 속에서 그와 같은 갈등이나 다툼을 경험하면서 아동들은 다른 사람의 기분을 조금씩 알아간다. 당사자가 아니어도 주위의 아동들의 다툼을 보는 경우도 있다. 그러한 관찰학습을 통하여 아동들은 상대의 기분을 추리하면서 집단생활을 통해 배우고 자란다. 상대의 기분을 아는 아동으로 자라기 위해서는 상대의 기분을 알 수 있도록 기회와 경험을 쌓아가는 것이 필요하다. 그리하여 그때에 어울리는 말이나 태도를 보고 듣는 것을 반복하면서 결국 자기 자신의 태도로 몸에 익혀간다. 그를 위해서 교사는 장면에 맞는 언어 사용, 모델이 되는 태도를 보여줘야 한다. 또한 아동의 연령에 따라서는 아동 스스로 보면서 생각하고 행동할 수 있는 시간적 여유를 주는 것도 필요하다. 그리하여 그 상호작용의 성과가 나타나는 것을 기다려 주고 긴 안목으로 아동을 지켜보는 자세를 가지기 바란다.

사례3

아동에게 배우는 자세

어느 여름 방학 시기에 남학생이 보육실습을 왔다. 그 실습생은 5세아 반에서 실습을 했다. 실습생은 아동과 함께 놀이하는 것은 가능했지만 지도력은 부족한 상태였다. 그림책 읽어주기 활동을 위해, 담임교사는 5세아의 발달에 맞는 그림책을 선택해달라고 부탁하였다. 그런데 한여름인데도 '장갑'이라는 그림책을 선택하여 담임을 곤혹스럽게 만들었다. 게다가 준비부족이나 제출물의 지연이 계속되어 실습을 도중에 중단하지 않으면 안 되는 상태가 되었다. 원장과 면담하고 이대로 실습을 계속하는 것은 지금의 상태에는 어렵기 때문에 좀 더 기본적인 지식이나 기술을 익히고 실습에 오는 것이 좋겠다는 충고를 들었다.
만일 이대로 실습생이 갑자기 나오지 않는다면 아동들도 불안할까봐 실습생에게 인사를 하도록 했다. 실습생을 둘러싼 5세 아동이 작별 인사를 하였다. '많이 놀아줘서 고마워', '학교에서도 공부 열심히 해'라고 아동들이 한 명씩 나와서 인사하였다. 그런데 한 남자아이가 천천히 실습생에게 다가와서 말없이 큰 덩치의 실습생을 안아주고 등을 톡톡 쳐주는 모습을 보았다.

아동은 성인이 생각하는 이상으로 상대를 생각하고 관찰하는 능력이나 그것을 표현하는 힘이 있다는 것을 눈앞에서 보게 된 사건이었다.

보육을 하면서 아동의 하루하루의 모습을 보는 것은 당연한 일 일이지만 매일 아동과 생활하다 보면 아동을 습관적으로 생각해버리는 동시에, 아동의 성격이나 능력을 성급하게 판단해버리는 경우가 많이 있다.

아동이 상호작용하고 있는 세계의 풍부함과 복잡함에 대하여 흥미 있는 눈으로 놀라움과 감탄을 가지고 볼 수 있는 전문성을 가지는 것이 필요하다. 우리들 자신도 아동과의 관계를 통하여 그런 풍부함을 스스로 키워갈 필요가 있다. 교사의 전문성은 홀로 세워지는 것이 아니라 눈앞의 아동을 존중하고 거기에 맞추어가는 데서 시작한다는 것을 보여주는 것이 아닐까 여겨진다.

2 보육교사가 성장하는 환경

아동을 존중하는 책임 있는 보육을 실천하기 위해서 교사의 인간성을 연마하는 것도 중요하지만, 교사의 전문성 향상을 위한 연수 등의 환경 또한 중요하다. 그러나 기본은 보육교사가 스스로의 보육을 돌아보고 성과나 과제를 자각하면서 배움을 계속하는 자세이고, 더불어서 그와 같은 성장 의지를 가진 보육교사집단을 형성하는 것이다.

1) 보육을 이야기할 수 있는 장

아동에 대해 따뜻한 관심과 애정을 가지면 자연히 '오늘은 아무개가 이런 것을 하고 있었다', '아무개가 하는 행동을 보고 미소를 지었다'라고 하는 사례를 다른 직원에게 전달하는 일이 있을 것이다. 또한 상호작용이 좋지 못했을 때, 다른 보육교사라면 어떻게 할까 물어보고 싶어지는 때가 있을 것이다. 굳이 회의의 장이 아니더라도 일상 속에서 아동에 대해 이야기하는 분위기가 있는 직장은 보육교사가 어떤 의식을 가지고 있는 것일까?

보통의 생활 속에서 아동을 무심하게 보는 것이 아니라 아동의 내면에 관심을 기울이면서 그 생각이나 기분을 세심하게 느끼려고 하고 있을 것이다. 아동 한 사람 한 사람의 대수롭지 않은 행동에서도 그 아이의 성장이나 과제에 대하여 의미를 읽어내려고 하고 있을 것이다. 교사의 보육에 대한 반성, 결국 '성찰'이 다음 보육을 바로잡는 계기가 되어 개선으로 연결되는 것이다.

2) 개인과 집단의 관계를 이해하는 보육

저출산이나 형제가 적은 현대의 생활에서 집단생활을 경험하는 보육의 장은 아동의 성장을 촉진하는 장이다. 단순히 아동이 집단으로 생활하는 것만이 아니라, 거기에는 보육교사의 적절한 상호작용과 환경이 있다. 보육교사와의 신뢰관계를 기반으로 아동은 주위의 물적 환경과 상호작용하고 다른 아동과의 관계성을 넓혀간다. 그러한 신뢰관계의 형성이나 적절한 환경구성을 위해서도 아동 한 사람 한 사람의 발달의 과정과 실태를 이해하는 것은 꼭 필요하다.

아동이 성장해 가는 데에는 아동 상호 간의 상호작용도 반드시 필요하다. 채소가 싫은 아동이 채소를 맛있게 먹는 다른 아동의 모습을 보고 능동적으로 먹기 시작하는 모습을 볼 수 있다. 또한 싫어하는 채소를 먹게 되는 아동의 성장을 보육교사가 따뜻한 시선으로 바라봐준다. 즉각적으로 아동을 평가하는 말을 건네기보다는 아동을 지켜봐주는 것만으로도 아동은 오히려 안심하고 다음으로 나아가는 의욕을 가질 수 있게 된다.

집단에서의 상호작용은 때로 갈등요인이 되는 경우도 있다. 사물을 다룰 수 있게 됨에 따라 자기주장의 다툼이 생길 수도 있다. 중요한 것은 갈등을 피하는 환경을 만드는 것이 아니라 그 다툼을 통하여 아동에게 무엇을 키우고자 하는가, 또한 무엇이 자라고 있는가를 관찰해내는 것이다. 아동의 성장이나 발달에 대해 계속적으로 기록하고 성찰하면서 아동을 깊게 이해하는 자세가 필요하다.

3) 직원연수의 방법

어린이집, 유치원 교사는 경력이나 아동관 등에서 사람마다 차이가 있다. 교사 간에 생각이나 의견을 교환함으로써 아동을 보는 관점을 넓히는 방법을 습득할 뿐 아니라 자신의 보육의 과제가 더 잘 보일 수 있다. 그를 위해서도 연수는 중요한 기회가 된다.

경력에 맞는 교사 연수는 점점 더 중요해지고 있다. 다음에서는 경험 등 경력 단계에 대응하는 연수의 방식을 살펴보고, 각 단계에서 교사가 갖추어야 하는 자질, 능력의 구체적인 목표를 살펴보자.

(1) 직장 내 자체 연수 – 보육교사의 전문적 역량 높이기

보육교사의 연수는 직장의 구성원들로 이루어지는, '원내연수' 이른바 '직장 내 연수'가 있다. 적응이 어려운 아동에 대한 사례를 모여서 함께 이야기하거나, 보육을 공개하고 이야기하는 등, 보육방식을 보다 개선하기 위한 조직으로 이루어진다. 또한 경우에 따라서는 원이 연구에 대한 지정을 받고, 지역 연수회에서 발표를 담당하거나 주제를 설정하여 원내연수를 조직하는 경우도 있다. 점점 더 많은 원들이 주제를 가지고 자신들의 보육을 바로보고 생각하는 기회로 연수를 적극적으로 활용하고 있다.

최근에는 보육이 장시간화 하고, 보육교사 전원이 함께 모이기 어려워 원내연수를 실시하기 어렵다는 소리가 많아지고 있다. 그러나 원내에서의 연수 조직은 그 원이 현장으로서의 힘을 가지기 위해서 매우 중요한 운영이라고 생각한다. 원내 보육교사 전원이 모인다든지 '연수'라는 형식을 갖추어 운영하는 것이 어려운 경우라도, 원내의 보육교사 동료가 필요에 따라서 자신들의 실천에 대해 돌아보고, 함께 생각을 모아가는 노력을 계속하는 것은 중요하다.

앞에서 말하듯이 원내연수회는 보육교사가 아동 한 사람 한 사람의 발달단계를 확실하게 바로 보고, 발달의 과정을 재확인하기 위해 좋은 기회가 된다. 여러 명의 보육교사가 다양한 관점에서 이야기하면서 아동의 모습이나 내면이 드러나게 된다. 그 아동의 과제와 직면하여 적절한 도움을 제공하기 위해서도 보육 동료들 간의 분담은 매우 중요하다.

하나의 예로 발달이 다소 늦거나 적응이 어려운 아동을 다루는 보육회의의 그 진행 순서를 제시하면 다음과 같다.

1. **담임의 보고**
   - 아동의 행동 특징이나 발달, 기능의 획득에 대한 보고
   - 지도의 경과와 평가, 이후의 지도에 대한 견해

2. **다른 직원이 알아차린 점, 지도에 대한 코멘트**
   - 담임이 알아차리지 못한 아동의 모습
   - 담임 이외의 보육교사가 상호작용할 때 아동의 모습
   - 다른 관점에서 생각할 수 있는 이후의 지도에 대한 힌트

3. **지도방침, 지도내용의 재검토**
   - 지도방침(아동이 익히기를 바라는 대략적인 내용, 기본적인 상호작용 방법, 방향성)
   - 지도내용과 방법

또 다른 예로 교직원의 이해를 깊게 하기 위해 '사례 카드'를 작성하여 원내연수에서 연구 활동을 쌓아갈 수 있다. 보육교사가 이 카드에 에피소드를 기술하고 연수회에서 그 정보를 교환하면서 자신의 보육을 바로잡는 동시에 아동의 성장으로 연결시키는 노력이 이루어진다. 사례 카드를 이용하여 보육교사들 간에 상호작용을 함으로써 아동의 내면을 들여다보는 힘(유아이해), 자신의 보육의 과제(지도방법)를 인식하는 힘이 향상될 수 있다.

이와 같이 적응에 어려움을 겪는 아동을 둘러싸고 교직원이 원내연수에서 함께 논의하고 그 아이의 모습이나 과제, 적절한 지도방법의 방향성을 검증할 수 있다. 이런 작업을 통해서 교사는 자신의 보육을 바로잡고, 다양한 관점을 가지고 아동을 받아들이면서 보육을 구상하는 자세가 길러진다. 하루하루 일상의 교사 행위가 보육의 발전으로 연결되는 것이다.

원내연수는 보육교사의 배움이고, 교직원의 마음을 여는 협력이고, 그리하여 성장의 장이 된다고 말할 수 있다.

(2) 직장외 연수에 참가하기 – 새로운 지식, 기술을 배우고 다른 사고방식을 접하여 자신을 돌아보기

보육교사에 대한 연수의 형태로 보수교육이 있다. 보수교육은 일반직무 및 특별직무교육, 승급교육, 원장 사전 직무교육으로 크게 나뉜다.

보육교사의 직무 연수 가운데 의무적으로 이루어지는 보수 교육 외에 원외에 나가서 참가하는 연수가 있다. '원외연수'나 '직장 외 연수'라고 불린다.

원외연수에도 다양한 종류가 있다. 예를 들어, 유치원에서 실시하고 있는 경우에는 소속하는 지자체 교육위원회 등에서 실시하는 신임교사 연수, 5년 연수, 원장 연수 등, 교육의 경력에 따라서 혹은 과제가 되고 있는 내용에 따라서 프로그램이 짜여진 연수도 있고, 교육과정 등의 주제에 기초하여 이루어지는 연수도 있다. 공·사립 연합으로 하는 연수도 있다면 공·사립별로 하는 연수도 있다. 사립 선생님을 대상으로 하는 연수는 지자체나 지구의 사립유치원연합회가 주최하여 이루어지는 연수가 주가 된다. 이들 교육청이나 사립 유치원연합회 등이 주최하는 연수는 현재 관심을 끄는 교육의 과제나, 교사로서 생각해 보기를 원하는 과제 등 그 시대나 지역의 과제를 반영하는 것이 많이 있다.

연수의 방법으로는 강사에 의한 강의나 그룹워크 등의 연습, 참가자의 대표에 의한 연구발표나 사례발표, 그에 대한 토론 등, 연수의 목적이나 내용, 수강인원 등도 다양하다.

보육시설 연수도 비슷한데 지역의 국공립 보육시설연합회, 민간 보육시설연합회 등의 주최에 의해 이루어지는 것이 많다.

이러한 직장 외 연수는 보육에 관해 새로운 지식이나 기술을 배운다든지, 다른 사고방식에 접하는 기회가 된다. 그러나 연수에서 보고 듣고 서로 이야기했던 것을 자신의 보육에 결합하여 맞추어 가고 실천에 반영시키려 하는 보육교사 본인의 노력이 없다면 무의미하게 끝나버릴 가능성도 높다.

직장 외 연수에 참가한 경우에 중요한 것은 배운 지식이나 기술, 마음에 와 닿은 것 등을 자신의 아동들과의 생활에서 어떻게 연결시킬까, 그것을 실천하는 것이 자기 원의 아동들에게 어떤 의미가 있는가 등을 잘 생각해 보는 것이다. 그래서 필요하다고 판단하여 실천에 접목하고자 한다면, 실제 모습에서 아동들에게 어떻게 체험되는가 등을 여러 차례 생각하고 노력하는 것도 필요하다. 연수를 유효하게 활용하여 전문성을 높이는 보육교사가 되기를 바란다.

4) 자주적 연수－스스로 탐구하기

마지막으로 자주적으로 하는 연수인데 이를 위해 다양한 조직이 가능할 것이다. 예를 들어, 보육실천을 함께 생각하고 싶어 하는 보육교사들이 연구회를 만들고, 소속하고 있는 원에 제한을 두지 않고 함께 이야기하는 조직을 만들 수 있다. 이런 경우는 그때 그때의 구성원에 의해 주제나 방법이 변해 간다. 모두가 한 권의 책을 읽고 시간을 내서 함께 이야기하는 것도 있고, 참가자가 자신의 학급에서 고민하고 있는 것이나 적응에 어려움을 겪는 아동의 일 등을 사례로 정리하여 함께 이야기할 수도 있다. 자기 원에서는 당연하게 생각될 수 있는 것도 다른 원에서는 다르게 느껴지는 경우가 있어서, 그것을 통해 자신의 아동이해나 보육의 방식에 대해 자각하게 될 수도 있고, 사고방식의 폭이 넓어질 수도 있다. 또한 연구회 등을 조직하거나 참가하는 것이 아니라도, 스스로 자신의 보육실천을 계속 생각해가는 것도 나름 자주 연수가 될 수 있다.

스스로 물음을 던지고 계속 탐구하는 보육교사가 되기를 바란다.

3 보육교사 각 개인이 가진 개성을 살려서, 인간으로서의 성장을 지속하기

보육교사는 인간의 모델로서도 아동과 만나게 된다. 아동들은 원의 다양한 교사들과 만나서 접하는 기회를 가지고 그 사람과의 깊은 인간관계를 경험하게 된다. 다양한 세대구성으로 이루어진 보육현장은 다양한 인간 모델과 만나는 기회를 갖는 것이라고 볼 수 있다.

이렇게 다양한 연령대의 남녀가 아동들의 생활의 장에 존재하는 것은 이상적이지만 반드시 그렇지 않은 현장도 있을 것이다. 그래도 다양한 보육교사의 수만으로도 아동에게는 인간으로서의 다양한 만남이 될 가능성이 있다.

실습생이나 신임보육교사로 보육의 현장에 처음 들어가면 자신이 아동의 생각에 충분하게 대응할 수 없다거나, 보호자와 생각만큼 좋은 관계가 맺어지지 않아 아무것도 할 수 없는 것처럼 느껴지는 때도 많을 것이다. 전문가로서는 아직 역부족이지만, 거꾸로 젊은 보육교사이기 때문에 가질 수 있는 장점도 있다. 아동에게뿐만 아니라 동료로서도 인간적인 관계를 맺어가는 존재이기를 바란다.

또한 인간으로서 성장하고 앞으로 나아갈 수 있는 것은 그 사람의 생활 전체를 통해서 이루어진다. 다양한 사람과 만나고, 친한 친구와 많은 것을 이야기하고, 가족과 화목한 시간을 보내고, 다양한 관계를 만들고, 좋은 책을 읽고, 그림을 그리고, 악기를 연주하는 등 자신이 좋아하는 것이나 잘하는 것을 마음 편하게 해 보는 것도 필요하다. 미술관이나 전람회 가기, 여행하기 등 일상과는 다른 경험을 하는 것 등도 의식하지 못하는 부분이지만 그 사람의 존재나 매력으로 연결되어 간다. 당신의 일상생활은 어떤 분위기로 채색되고 있는가?

인간적으로 성장하면서 동시에 스스로 보육에서 자신의 존재를 묻고 생각하는 보육교사가 되기를 바란다. 그것은 전문가로서, 그리고 한 사람의 인간으로서의 성장으로도 이어질 것이다.

4 다양한 아동과 만나는 보육교사의 대응

21세기를 맞이한 한국사회는 다양한 방면에서 국제화가 진전되고 있다. 수도권의 도시뿐만 아니라 농어촌에서도 관광객만이 아니라 그 지역에서 생활하고 있는 외국인의 모습을 보는 것은 드문 일이 아니다. 또한 부모가 외국국적인 아동이나 탈북자녀 등 다문화 환경에서 자란 아동이 한국에서 생활하는 경향도 증가하고 있다.

장애 등이 있는 아동에 대한 통합의 사회적 요구도 다양한 측면에서 강해지고 있다. 선진국의 주요한 보육과제는 민주주의의 가치규범, 타자에 대한 배려와 공감, 연대, 남녀평등, 관용, 환경 등의 가치(윤리)의 문제를 가장 중요한 관점으로 두고 있다(小田豊 外,

2003). 보육의 사회적 가치를 반영하고자 하는 다양한 요구를 살펴보면 다음과 같다.

1) 다문화 사회와 아동의 권리

「아동의 권리」 제2조에는 '여러 국가들은 그 관할 아래 있는 아동에 대하여서 아동 또는 그 부모 혹은 법정 보호자의 인권, 피부색, 성, 언어, 종교, 정치적 의견이나 기타 의견, 국민적, 인종적 혹은 사회적 출신, 재산, 심신장애, 출생 혹은 다른 지위와 상관없이 어떤 차별도 없는 이 조약이 정하는 권리를 존중하고, 확보한다'라고 차별금지가 명시되어 있다. 아동은 국적이나 채류자격에 관계없이 그 권리가 보장되는 존재이다.

또한 아동이 적절한 보육이나 교육을 받을 권리가 '아동의 최선의 이익'으로서 아동권리조약에 명시되어 있다. 장애의 유무나 민족, 출신국에 따라 차별받지 않고 다양한 가치관, 견해가 받아들여지는 것이 요구된다.

2) 외국인 자녀를 받아들이기

한국에서 거주하는 외국인 수는 취학이나 유학, 국제결혼 등으로 인해 해마다 증가하고 있다. 한국에 살고 있는 외국인의 국적은 주로 중국이나 필리핀, 베트남 등으로 다양하다.

이러한 외국국적의 아동이 한국의 보육시설이나 유치원 등에 입학하는 경우 한국과 모국의 두 문화의 내적갈등과 만나게 된다. 예를 들어, 식사 예절이나 재료는 그 나라의 문화를 대표하는 것이다. 그러나 외국국적의 아동은 한국의 맛이나 재료, 식사예절에 반드시 익숙한 것은 아니다. 그 때문에 먹는 방법을 알지 못해 식사가 잘 진행되지 않는 경우도 있다. 교사가 '전부 남기지 말고 먹어요'라고 주의를 주어도 어떻게 하면 좋을지 모른다. 교사는 그 아동이 편식하거나 어리광 같은 행동을 하고 있는 것으로 이해되기도 한다.

또한 언어가 다른 것도 어려움을 준다. 자기의 생각이 전달되지 못하여 어떻게 하면 좋을지 모르고 그로 인해 불안정해지고 난폭해지는 경우도 있다.

외국국적의 아동과 생활하는 경우, 교사는 상호작용을 위해 아침인사나 일상생활의 최소한의 언어(그 아동의 모국어)를 기억하도록 노력하는 것이 좋다. 또한 그 아동이나 보호자의 모국문화에 대해 교사가 학습하고, 생활습관이나 태도 등이 다를 수 있다는 것을 반의 아동들(한국인)에게 알려주는 것도 필요하다. 교사는 외국에서 온 아동이나 보호자가 한국에 와서 일상생활의 다양한 편견이나 차별을 극복할 수 있도록, 아동의 생활을 돕는 것이 매우 중요하다.

3) 차이를 교육적인 자원으로 삼다

아동들의 생활 주변에는 다양한 정보기기(TV, DVD, 인터넷, 게임기 등)가 보급되어 간접 정보가 범람하고 있다. 또한 다른 문화를 접하고, 장애(아)와 함께 상호작용하고, 고령자와 접하는 등, 현대의 아동은 다양한 인간관계를 구축해야 하는 과제에 직면하고 있다.

보육은 아동이 건전한 발달을 위해서 자기를 충분히 발휘하고, 다양한 사람과 접하면서 문화를 흡수하고, 유아의 능력이나 감각을 자극하여 아동을 전인(全人)으로서 발달시키는 것을 목표로 하고 있다. 여기서 말하는 전인은 인간이 가지고 있는 전부의 소질,

능력이 하나의 통일체로서 살려지는 전체로서의 인간이다. 전인은 태어날 때부터 전인은 아니다. 유아기로부터의 교육에 의해 전인으로 키워지는 것이다.

유아기의 아동을 전인으로 키워가기 위해서는 보육 속에서 다양한 인종이나 장애, 문화 등의 차이와 접하고 상호작용하고 그리하여 서로가 맞추어가는 것이 중요하다. 그러면서 상호 간에 필요한 존재가 되고, 함께 사물을 다루고, 갈등하면서도 합의를 이루어가는 성취감을 맛보게 하는 것이 필요하다. 그럴 때 아동에게 필요한 협력이나 자기조절 능력이 키워지고 자기긍정감이 배양된다.

보육교사는 다양한 요청에 대응할 수 있도록 충분한 능력이나 자질을 갖추고 그 책임과 노력을 담당하지 않으면 안 된다. 그럼으로써 보육교사는 인간교육의 풍부한 전문가로 성장하고 새로운 보육의 자세를 만들어갈 수 있게 된다.

활동하기

1 중장기 커리어 설정하기

계획표 만들기

1. 자신이 세우고 싶은 목표와 기간을 생각하고 종이 위에 칸을 그린다.
2. 단기 계획부터 장기 계획까지 명확한 목표를 기록한다.
3. 목표를 달성하기 위해 구체적으로 노력할 것들을 적어본다.
4. 눈에 잘 보이는 곳에 붙이고 목표가 달성되었을 때는 색연필로 표시를 한다.

예시

이주의 목표	하루에 한번 웃기, 일주일에 3일 운동하기
이달의 목표	동아리 가입하기, 추천도서 목록에 있는 책읽기
올해의 목표	자격증 1개 획득하기, 장학금 받기
3년후 목표	어린이집 담임하기, 여행가기
5년후 목표	1급정교사 되기, 대학원가기
10년후 목표	상담사 되기, 원장되기

보육교사가 미래에 할 수 있는 직업

미술치료사, 놀이치료사, 유아요리지도사, 상담사, 동화작가, 유아교구개발자, 특기전문가, 교구업체 프로그램 개발자, 평가인증 현장관찰자, 평가인증 컨설팅, 평가인증 진흥원 직원, 인형극단 관련 업무, 육아정합지원센터 센터장, 어린이집 원장, 한국보육진흥원 직원, 아동관련학과 교수, 아동생태 전문가, 교사심리 상담가, 동요작가, 영유아체험마을 운영, 아동발달센터장.....

2 단계별로 나의 목표 적어보기

기간	목표	목표달성을 위한 구체적인 행동
이주의 목표		
이달의 목표		
올해의 목표		
3년 후 목표		
5년 후 목표		
10년 후 목표		

출처: 경제 인문사례연구회(2016). p.285.

3 **여러 가지 어려움을 이겨내고 10년 후에 꿈을 이룬 나에게 편지를 써보자.**

자랑스러운 10년 후의 나에게

Chapter 10

보육의 협력

1. 보육교사의 홀로서기
2. 동료애
3. 보육시설 안팎의 협력-보육교사 동료가 함께 크는 장
4. 가정, 지역과의 협력 사례

보육교사, 유치원교사는 아동들에게 인기 있는 직업이고, 매년 여학생들의 장래 희망 직업 순위에서 상위를 차지하고 있다. 그 이유는 보육교사가 아동들과 가까이 함께 하는 직업으로서 그 존재가 매력적으로 비쳐지고 있기 때문일 것이다. 보육교사라는 직업의 일반적인 이미지는 ‘따뜻한’, ‘훌륭한’, ‘밝은’, ‘활력 있는’, ‘성실한’ 등의 단어와 밀접한 경우가 많다. 이러한 보육교사에 대한 일반적 이미지는 아동이나 사회가 요구하는 보육교사의 자질일 것이다. 그러나 이러한 자질 만으로 아동과 가족을 지원하는 전문적인 보육교사로 근무할 수 있을까?

보육교사는 아마도 훨씬 더 강하고 자립적이고, 그러면서도 동시에 협력적이고 다른 사람과의 소통능력도 필요한 직업일 것이다. 결국은 혼자서 할 수 없는 일이라는 것이다.

이 장에서는 보육교사 간의 협력과 다른 직종과의 연결에 대해 살펴볼 것이다.

1 보육교사의 홀로서기

1) 홀로서는 용기

프레이리는 '가르치는 용기'에 대해 이야기하였다.

"교사의 과업은 진지함과 과학적, 육체적, 정서적, 감성적인 준비를 요구한다. 가르치는 일에 헌신하는 사람들은 타인에 대한 사랑은 물론이고 가르치는 일에 포함된 과정에 대한 사랑도 개발해야 한다. 가르치는 일은 용기가 없다면, 포기하기 전에 수천 번 시도해 보는 용기가 없다면 불가능하다."(프레이리 저, 교육문화연구회 역, 2000)

한편 오오바(大場)는 보육교사에게 필요한 자질로서 '홀로서는 기개'라는 것을 말하고 있다.

"보육교사는 다양한 책임으로 아동과 상호작용하고, 보호자에 대응한다. 그러한 기본적인 책무를 마땅히 달성하는 자세를 통해 아동으로부터 신뢰받고, 또한 보호자의 불안도 불식시켜간다. 그런 의미에서 홀로서는 기개는 결여될 수 없는 보육교사의 자질이다. 홀로서는 기개란 스스로의 실천이념과 방법에 대하여 책임을 가지고 꾸려가는 몸과 마음의 자세라고 나는 생각한다."(大場, 2001, p.173)

'용기(勇氣)'라고 하는 단어를 사전에서 찾아보면 '굳세고 씩씩한 기운', '곤란에 굴하지 않는 강한 의기(意氣), 기골(氣骨), 생명력'이다. 이것은 앞에서 말한 따뜻하고 밝고 부드러운 보육교사의 이미지와 비교할 때 강하고 딱딱한 분위기를 느끼게 하는 단어이고, 이질적으로 생각되는 사람도 있을 것이다. 그러나 보육교사 업무는 영유아의 생애 가장 중요한 시기에 아동의 성장을 도우면서 그 가족을 지지하는, 공적으로도 중요한 역할을 담당하고 있는 전문직이다. 또한 아동과 가족은 안정적일 때 뿐만 아니라 불안정한 때나 위기적인 상황에 있는 때도 많이 있으므로, 보육교사는 다소 곤란과 마주하여도 강한 신념이나 의기를 가지고 헤쳐 나가는 자세가 필요하다. 그를 위해서 '용기(勇氣)'나 '기개(氣槪)'라고 하는 힘이나 강인한 측면도 필요하다.

한편 '홀로서기'라는 단어의 '홀로'는 보통 '한사람', '단독', '고립'을 의미하지만, 여기서는 조금 다른 의미로 사용되고 있다. 이는 자신이 최고라고 자만하는 것과는 다른 의미이다. 다른 보육교사의 의견이나 보호자의 생각에 귀 기울이지 않고 자기 혼자만의 생각만으로 보육을 하는 보육교사의 '독주'나 '독선'을 의미하는 것이 아니다.

또한 담임이나 담당교사 한 사람이 반의 운영이나 개별 아동의 보육을 맡는 경우에도 보육교사 자신을 고립시키는 것이 아니고, 기본적으로 '의견교환'을 계속하고, 상호 간의 협력 의식이 높아지도록 노력하는 것이 필요하다. 보육교사는 '고립'이나 '고군분투'가 아니라 보육교사 동료 간에 서로 의견을 교환하고 상호협력해야 한다는 것을 강조하고 싶다. 즉 자신들의 보육실천을 성찰하면서 배우는 '홀로서기'를 중시하는 것이다.

2) 보육교사의 이른 홀로서기

보육교사는 전문직 중에서는 조기에 홀로서기를 요구하는 직업이라고 말할 수 있다. 처음은 부담임이나 비교적 초보적인 역할을 담당하는 경우도 있으나 1년째부터 반의 담임이 되는 경우나 통합지원이 필요한 아동의 담당이 되는 경우도 있다. 그래서 2년째에 이르면 한 사람분의 보육교사로서 역할을 감당하는 경우가 많다. 이것은 기업 같이 큰 조직 속에서 상사의 지시에 따라 일을 하는 사무직과 비교하면 매우 이른 시기에 홀로서기를 인정받는 것이고 이것이 일을 향한 의욕으로 연결될 수 있다. 그러나 동시에 그것은 아동이나 가족에 대하여 책임을 물어야 할 경우, 결국 공적인 책임이 무거운 입장에 서는 일이기도 하여 압박이 커진다. 보육의 원칙은 원장을 시작으로 직원 전원이 재원하는 모든 아동들의 성장을 지원하는 것이어야 한다. 그러나 그럼에도 불구하고 담임이나 담당교사가 아동과 가족을 지지하는 최전선에 서게 된다. 특히 반이나 담임 같은 형식이 강한 원이나, 젊은 보육교사가 대다수인 원의 경우 신임보육교사라 해도 한사람 몫으로 아동과 가족을 안고 가지 않으면 안 되는 상황도 있다.

보육이 일시적인 아동의 놀이상대를 하기 위해 운영된다면 대학을 졸업하자마자 보육교사가 되어도 충분히 한사람 역할을 해갈 수 있을 것이다. 그러나 실제의 보육은 다양한 아동의 상황을 받아들여서 그에 맞는 도움을 주는 것이다. 아동의 하루의 생활을 충실하게 만들어가면서 가족을 지지해야 하는 공적인 책임과 높은 전문성을 요하는 경영이다. 이와 같은 것을 신임보육교사가 혼자서 담당해야 한다면 그것은 너무 어려운 일이다. 더욱이 최근의 보육현장은 보육의 질을 높이면서 부모의 다양한 요구에 대응해야 하는 훨씬 어렵고 힘든 일이 되었다. 신임보육교사가 한사람 몫의 보육교사로 성장하도록 느긋하게 기다려 줄 수 있는 여유는 없어지고 신임보육교사들을 지지할 수 있는 경험 있는 보육교사들도 자신의 보육에 급급한 상황이 되고 있다. 이러한 상황에도 불구하고 많은 신임보육교사들은 어린 시절부터 꿈에 그렸던 직업에 취업했다는 즐거움과 희망에 의지하여 열심히 자신의 역할을 담당하려고 하루하루 분투하고 있다. 그러나 한사람의 노력만으로 이러한 상태를 지속해 가는 것은 어려운 일이다. 심신의 피로나 불안이 누적됨으로써 보육에 대한 에너지가 사라지는 경우도 많다. 만약 조기의 홀로서기 시기부터 적극적인 지원이 없다면 조기의 퇴직에 이를 위험성이 높다.

3) 보육교사 지원의 필요성

보육현장은 시대나 사회적 영향으로 새로운 과제가 점점 늘어나는 현장이다. 보육교사는 항상 새로운 과제와 방향에 맞추지 않으면 안 되는 입장에 있다. 신임보육교사뿐만 아니라 경험 있는 보육교사도 쉽게 해결하기 어려운 문제가 벌어지는 경우가 종종 일어난다. 또한 보육교사 자신도 한 사람의 개인으로서의 사적인 생활을 안고 일을 하고 있기 때문에 결혼, 육아, 가족의 돌봄, 자신이나 가족의 병 등 직무 이외의 일로 상당한 에너지를 빼앗길 수 있고 때로는 '홀로서는 용기'를 잃어버리는 상태가 되기도 한다. 따라서 아동과 가족을 지원하는 보육교사에게도 지원이 반드시 필요한 것이다. 아동과 가족의 지원자로서 보육교사가 계속 현장에 머무르게 하기 위해서는 보육교사에 대한 지원 체제가 반드시 필요하다.

최근 보육 어드바이저, 보육 카운셀러, 보육상담원이라고 불리는 '전문가'가 원에 나와서 보육교사 지원을 실천하기도 한다. 이러한 '전문가'에는 임상심리사 등의 심리상담 전문가, 정신과의사 등의 의사, 보육, 교육, 장애 등을 전문으로 하는 연구자 등이 있다. 이러한 '전문가'가 보육교사의 고민을 들어주고 지지해 주는 것도 지원의 하나의 형태이다. 그러나 그러한 '전문가'가 무엇을 중심으로 지원을 하는가, 또한 어떠한 방법으로 지원을 하는가에 대한 합의는 아직 충분하게 이르지 않았다. 오히려 그러한 '전문가'가 잘 모르는 상태로 보육현장에 들어가는 것에 대한 부정적인 견해도 많이 있다. 예를 들면, 매일 아동과 접하고 있는 보육교사의 의견이나 생각을 충분히 듣거나 보육현장의 상황을 잘 이해하지 못하고 '전문가'가 자신의 전문영역에서의 의견이나 생각만을 주장하고 보육교사로 하여금 따르게 할 수도 있다. 그러나 실제 보육교사의 주체성을 존중하지 못한다면 원래 의미에서의 보육교사 지원이라고 말할 수 없다.

현재 우리나라에서는 어린이집의 유형과 보육교직원의 상황과 특성을 고려하여 온라인 상담, 전화상담, 방문상담 등의 상담 프로그램을 통해 보육교직원들이 심리적 안정감을 유지하고 직무스트레스를 해소할 수 있도록 지원하고 있다. 이를 이용하는 교직원도 늘어가고 있는 추세이다. 특히 육아종합지원센터에서는 상담 전문요원을 배치하여 보육교직원들의 심리적·정서적 안정과 아동학대 예방 관련 업무를 수행하여 안전하고 건강한 보육환경을 마련하기 위한 상담 서비스를 제공하고 있다. 주요한 상담 내용은 심리·적성 성격검사, 진로고민, 학부모와의 관계, 원아들과의 관계, 동료, 상사관계, 아동학대 예방, 개인사 관련 등의 내용을 담고 있다. 필요한 경우 도움을 구할 수 있는 기관들이 육아종합지원센터마다 다양하게 준비되어 있으므로 이를 참고하는 것이 좋을 것이다.

표 10-1 보육교직원의 상담 연도별 현황 (단위: 명)

구분	총계	2016년	2017년	2018년	2019년
참여자	196,076	22,352	26,059	29,263	31,872

출처: 중앙육아종합지원센터 홈페이지 자료(www.central.childcare.go.kr)

4) 보육교사의 상호지원

보육교사에게 최고의 지원자는 누구일까? 그러한 지원은 어떻게 가능할까?

'등잔 밑이 어둡다'는 말이 있다. 우리들은 무언가를 구할 때에 가까이 있는 중요한 것을 보지 못하는 경우가 종종 있다. 보육교사에게 가장 가까이 있는 지원자는 같은 직장에 근무하고 있는 동료가 아닐까? 왜냐하면 원의 일, 문제를 안고 있는 아동이나 가족의 일, 고민하고 있는 보육교사 자신의 일을 가장 잘 알고 있는 것은 직장의 동료들이기 때문이다. 그러한 직장 동료의 지원이 있음으로 해서 보육교사의 마음의 부담은 훨씬 줄어들 수 있다.

그러나 직장에서 인간관계는 항상 좋은 것만은 아니다. 실제 직장뿐 아니라 모든 인간관계가 다양한 요인에 의해 항상 변화하여, 잘되는 것도 있지만 작은 일로 금새 나빠지는 경우도 있다. 또한 상하관계가 강한 수직적인 직장, 보육교사의 개인적인 힘을 비교하는 직장, 원장이나 주임 등의 제한된 사람에게만 힘이 집중되어 있는 직장의 경우에는 좋은 인간관계가 좀처럼 구축되기 어려운 경우도 있다.

그래도 보육교사가 지원을 받기 위해서는 무엇이 필요할까? 대개 사람들은 '지원'이라는 단어를 떠올릴 때 우선 그것을 자신이 받을 것을 먼저 생각한다. 결국 자신에 대한 도움의 손을 타자에게 요구하고 있는 것이다. 그러나 자신이 지원을 받는 입장이 되기 전에 '자신이 직장의 동료에게 지원을 하고 있는가?'라는 물음을 스스로에게 해 보는 중요성을 강조하고 싶다. 자신이 요구하고 있는 지원을 상대도 요구하고 있을 수 있다는 것을 인식한다면 자신이 다른 보육교사의 좋은 지원자가 되고 있는가를 돌아보고, 거기서부터 직장 전체의 인간관계를 다시 되돌아 볼 수 있게 된다.

결국 보육교사 지원은 엄밀하게는 '보육교사의 상호지원'이고 자기 혼자만이 일방적으로 지원을 받는 것은 불가능하다. 그렇기 때문에 서로를 지원하는 관계 만들기가 중요하고, 그 첫걸음은 자신이 직장의 동료와 좋은 관계를 만들도록 하는 것이다. 결국 보육교사 한 사람 한 사람이 '동료애'를 갖는 것이 필요하다.

5) 교사들 간의 의견 조정

사례1

○○어린이집의 3세아 반은, 보육경험 15년의 김(가명)교사와 보육경험 3년의 박(가명)교사가 담당하고 있다. 이 반에는 초미숙아로 태어난 은수(가명)와 자폐증이 의심되는 선호(가명)가 있다. 김교사는 반 전체의 보육을 이끌고, 박교사가 은수와 선호의 통합을 지원하는 담당 체제로 이루어져 있다.

이 날은 자유선택 활동 후에 발표회를 위한 율동연습을 시작하고 있었다. 그러나 선호는 율동에 참가하는 것이 싫고 자신이 하던 놀이를 계속하고 싶어 했고, 은수도 피곤하였기 때문에 율동연습은 하고 싶지 않다고 울기 시작했다. 두 아이의 모습에 영향을 받았는지 율동연습을 하기 싫어하는 아이들이 더 나왔다. 그래서 그 날의 율동연습은 잘 되지 않았다. 김교사는 '내일은 선호가 놀이에 집중하거나 은수가 피곤해 하지 않는 가운데 율동연습을 하는 방법이 좋다고 생각해요. 그래서 아침 자유놀이 전에 다 같이 연습을 했으면 좋겠습니다.'라고 박교사에게 전했다. 박교사는 김교사의 생각도 이해 못하는 것은 아니지만 선호는 항상 하루의 흐름이 달라지면 불안해 하는 점, 은수는 좋아하는 놀이를 못하는 것을 싫어해서 다 같이 하는 활동에 참가하는 것을 싫어하는 경우가 많다고 솔직히 자신의 의견을 전달해 보았다. 김교사는 박교사의 의견을 듣고, '그것도 그럴지 몰라요'라고 생각을 고치고 두 사람이 함께 이야기하게 되었다.

최종적으로, 선호에게는 박교사가 아침에 율동연습이 있다는 것을 미리 이야기해 두고 선호의 놀이 상황을 봐 가면서 율동연습에 사용할 리본을 함께 사용하고 선호의 기분을 율동으로 향하게 하였다. 은수는 체력보다는 처음 해 보는 것에 대한 불안일지도 모른다는 김교사의 의견을 존중하여 손님으로 보고 있는 것만으로도 참가한 것으로 인정하고 새로운 것에 도전하도록 격려하기로 하였다.

이 사례의 김교사와 박교사처럼 보육교사 동료 사이에는 보육경험의 차가 있다. 또한 김교사는 반의 리더이고 박교사는 통합 교사로서 도움이 필요한 두 아동을 담당하듯이 역할이나 담당이 나뉘어져 있다. 그러나 이 두 사람의 보육교사는 협력하면서 은수와 선호를 포함한 반 전체의 보육을 생각하고, 실천하였다. 이를 위해서는 보육에 대하여 생각이나 사고가 다른 교사에게 자신의 뜻을 전달하고, 자신과는 다른 사고방식도 귀 담아 듣고, 그것을 따라가는 동시에 자신의 생각을 확인하거나 혹은 수정하고 바꾸는 것이 중요하다. 이러한 지도나 행동이 '홀로서는 용기'를 갖게 하고, 자신의 보육을 더욱 향상시키고, 유연한 보육을 할 수 있게 한다.

2 동료애

1) 동료애의 의미

보육교사가 자신에게 주어진 일에 책임을 다하기 위해서, 어려움을 가진 아동이나 가족을 지원하기 위해, 보육교사로서의 자신의 존재에 대해 고민하고 있는 때 등, 다양한 시기마다 힘을 주는 것은 다름 아니라 직장의 동료이다. 이러한 '동료 간의 상호지지'

라는 친밀한 관계를 만들기 위해 필요한 것이 보육교사 간의 '동료애'이다.

보육은 다른 직업에 비해 책임이 무거운 현장이다. 보육교사 한 사람의 개인적인 기호를 만족시키기 위해 아동들이 모인 것이 아니기 때문에 원 전체를 아동들의 성장의 장으로 만들어가기 위해 보육교사 모두가 함께 실천한다는 명확한 공통이해를 가져야 한다. 그러한 자세를 갖기 위해서는 자신이 누군가에게 지원을 받는 것을 요구하기 전에 누군가에게 필요한 지원을 하는 자신의 판단과 행동이 우선 있어야 할 것이다.

'동료'라는 단어의 뜻을 조사하면 '직장 또는 지위, 역할 등이 같은 사람, 동역자', '같은 직장에서 일하고 있는 사람, 특히 지위, 역할 등이 같은 정도의 사람'이라고 기록되어 있다. 사전을 따르면 자신보다 역할이 위인 사람이나 선배, 혹은 역할이 아래인 사람이나 후배, 혹은 고용의 형태가 다른 사람 등은 '동료'에 속하지 않는다. '동료'라는 단어는 영어로는 "collegue"이고, 그 집합체는 "college"이다. 이것은 '대학, 전문학교'라는 의미이지만, 그 외에 '공통의 의무, 권한, 목적을 가진 직업인의 단체, 협회, 학회'라는 의미가 있다. "college"의 의미를 가지고 보육현장의 "collegue"(동료)를 생각해 보면 '아동과 가족을 지원한다는 공통의 의무와 권한을 가지고, 아동의 최선의 이익을 고려하면서 아동의 성장을 목적으로 하는 직장인'이라고 정의할 수 있을 것이다. 여기서는 역할이나 경험연수, 고용의 형태, 전문영역, 직무내용 등은 고려하지 않고 보육현장에서 아동과 가족을 위해 일하는 모든 사람이 포함된다. 결국 원장, 신입보육교사, 파트파임 보육교사, 조리나 용무를 담당하는 사람 등 모두 '동료'라고 하는 단어로 포괄할 수 있다. 그렇게 직장에서 함께 일하는 모든 사람들이 '목적을 같이 하는 사이(동료)'라고 보고, 서로가 필요한 지원을 하면서 함께 일하고자 하는 것이 '동료애'이다.

예를 들어, 원장이나 주임에게는 리더십이 필요하겠지만 이러한 리더십도 자신의 보육관이나 아동관을 무조건 따르도록 항상 선두에 서서 다른 보육교사를 일방적으로 끌어가는 것은 아니다. 보육교사 한 사람 한 사람이 가지고 있는 힘을 충분히 끌어낼 수 있도록 때로는 앞에서 길안내를 하고, 때로는 뒤에서 등을 밀어주고, 때로는 옆에서 반주하면서 지켜주는 리더십이 요구된다. 한편 원장이나 주임이라도 다른 직원의 '동료애'로부터 지지를 받고, 지원을 받는 입장이 될 수도 있다. 이것은 '동료애'를 기초로 하는 리더십일 것이다.

직장에서 자신이 좋은 동료가 되고 또한 자신도 좋은 동료를 얻는 것은, 홀로서기가 필요하고 공적인 책임이 무거운 일을 담당하는 보육교사에게는 필수적인 요인이다. '동료애'에 기초한 보육교사의 상호지원은 보육교사 모두에게 반드시 필요한 것이라고 말할 수 있다. 그 첫걸음을 망설이지 않고 걸어가는 직업인이 되기를 바란다.

2) 동료에 대한 책임

미국의 보육교사 양성 교재에서 '동료애'에 대하여 기술하고 있다. 핀시(Stephanie Feency) 등은 저서 <Who am I in the Lives of Childrens?>(2006)에서 다음과 같이 말하고 있다(Feency. et. al., 2012. 9th, pp.537-538).

당신의 직업을 시작하면서 자기 자신을 중요하게 하는 또 하나의 방법은 동료와 좋은 관계를 맺는 것이다. 동료는 함께 일하는 사람 이상의 존재다. 직장과 책임을 공유하는 사람들이다. 운이 좋으면 동료는 당신의 철학과 정열을 공유하고 기쁨과 슬픔을 이해하고 공감적으로 이야기를 들어주고, 칭찬을 해 주고, 성의 있는 피드백을 해 주거나 격려나 조언을 해 주기도 한다.

함께 일하는 동료와의 커뮤니케이션이나 좋은 동료관계는 프로그램의 질을 높이고, 자신의 일을 보다 쉽게 보다 즐겁게 하게 해준다. (중략) 만일 즐겁게 공평하게 일하기 위해서 스스로 모든 노력을 기울이고, 그리하여 확실하게 자기의 역할분(역할분보다도 조금 더 많이)의 일을 하게 된다면 당신은 좋은 동료로 보일 수 있을 것이다.

이러한 생각의 토대가 되고 있는 것은 전미유아교육협회(NAEYC)의 윤리강령이다(부록 참조). '동료에 대한 윤리적 책임'에 대해 동 강령 제3부에는 다음과 같이 적고 있다.

윤리강령

보육에 관한 협동적인 직무환경에서 인간의 존엄성은 존중되고, 직업에 관한 만족도는 향상되어야 하며, 긍정적인 관계가 형성되어야 한다. 우리의 중심 가치에 근거해 볼 때 이 활동 영역에서의 우리의 중요한 책임은 생산적인 직무수행을 지원하고 직업적 요구사항들을 충족시킬 수 있는 환경과 관계를 형성하고 유지하는 것이다. 유아에게 적용되는 것과 같은 이상들이 성인들에 대한 우리들의 책임에도 내재되어 있다.

규범원리

3A. 1. 동료와 존경, 신뢰, 협동의 관계를 수립, 유지하기

3A. 2. 동료와 자료와 정보를 공유하기

3A. 3. 동료들이 그들의 직업적 요구조건을 달성하고 직업적 발달을 이루도록 지원하기

3A. 4. 동료들의 직업적 성취도에 대한 정당한 인정하기

3C. 6. 평가하고 조언하는 과정에서 판단은 사실에 기초한 것이어야 하며, 유아들과 프로그램의 이익을 위한 것이어야 한다.

이 윤리강령에서 보육교사가 동료의 보육교사에 대하여 '존경, 신뢰, 협동'을 잃지 말아야 하는 중요성을 언급하고 있다. 동시에 전문직으로서의 일을 감당하도록 상호 간에 서로 지지하는 것, 정당한 평가가 얻어질 수 있도록 하는 것 등의 중요성도 기록하고 있다. 그리고 보육에 관한 의견을 전할 때는 추측이나 조롱으로 하지 않고 직접 얻은 '사실'에 기초할 것, '유아들과 프로그램(보육)의 이익을 위한 것이어야 하는 것' 등도 기록되어 있다. 이러한 토대가 있어야 전문직 내에서 서로 좋은 동료를 얻을 수 있는 것이다. 우리나라에서도 보육교사연합회의 윤리강령이 있고 그 가운데 동료에 관한 기술이 있다. 항상 동료에 대하여 자신의 존재가 어떠한가를 돌아보는 자세를 잃지 않기를 바란다.

3) 보육교사 동료의 지지를 통한 관계적 자립

보육교사의 동료애는 다른 보육교사를 지지하고 그 결과로서 다른 보육교사의 동료애도 얻어가는, 상호적인 것이기도 하다. 이러한 생각에 기초한다면 '보육교사의 성장'은 보육교사 개인 속에 닫혀진 노력과 연마의 결과가 아니라 보육교사 동료의 관계성 가운데서 이루어지는 열려진 노력의 축적의 결과로 다루어야 할 것이다. 이것은 또한 인간으로서의 성장을 한 사람의 개체의 성장으로 보는 것이 아니라 사람과 사람의 연대에서 생기는 성장, 결국 '관계성에 의한 발달'로 생각하는 것과 같다.

보육교사는 사회인으로서 자립적, 자율적일 것을 전제로 한다. 그러나 보육이라는 경영은 많은 아동들의 장시간의 생활을 지지하는 것이고, 다른 사람과의 협력 없이는 하루도 이루어질 수 없는 협동 작업에 의해 이루어지는 것이다. 즉, 보육교사의 일은 항상 타자와의 관계 속에서 성립한다고 말할 수 있다. 이와 같은 보육 실천이 가지는 특성에서도 보육교사의 전문성은 보육교사 한사람의 내부 속에서만 키워지는 것이 아니라 주위의 사람과의 관계가 깊어지고 높아짐에 따라 자라는 것을 알 수 있다. 보육교사 동료가 관계 속에서 함께 자라고, 또한 동료로서의 책임을 다하면서 한사람의 보육교사로 자립하여 가는 것은 보육의 질을 향상시키는 것이기도 하다. 보육교사의 이와 같은 관계적 자립은 보육 전체를 지지하는 힘이라고 말할 수 있다.

3 보육시설 안팎의 협력-보육교사 동료가 함께 크는 장

1) 직장 내 협력

보육시설에서 아동의 원 생활은 보육교사만이 아니라 영양사, 간호사, 조리원, 사무원 등 다양한 전문분야를 담당하는 사람에 의해 유지되고 있다.

보육시설에서 아동의 식사를 예를 들어보자. 영양사가 열량, 영양의 균형, 계절 식재료, 행사, 비용, 조합 등을 고려하여 아동에게 적합한 식사를 제공하고자 노력하고, 그 식단을 받아서 조리원이 식재료를 조달하고 조리한다. 이런 작업 조합은 여기 참여한 사람들의 다양한 헌신을 필요로 하고 원마다 다른 결과물을 만들어 낸다. 보육교사는 아동들의 먹는 모습이나 잔량을 조리원에게 전달하여 참고하도록 하고, 그날의 맛이나 조리 등을 평가하여 다음날의 조리에 반영한다. 또한 아동이 일상적으로 사용하는 화장실 세면대, 원의 현관이나 통로 등은 청소원이 매일 깨끗하게 청소하고 적절한 생활과 청결한 환경을 유지하고 있다.

유치원에서도 똑같이 교사만이 아니라 원 버스의 운전기사, 청소원, 사무직원 등이 아동의 원 생활을 지켜가고 있다. 예를 들어, 원 버스의 운전기사는 아동과 원을 연결하는 버스를 운행하고 가정과 원과의 왕복을 담당하고 있다. 운전기사는 통원 버스의 도로를 생각하고 도로의 공사나 정체정보, 정차위치, 아동의 타고내리기 등에 주의를 기울이고, 가족이 안심하고 아동을 원 버스에 맡길 수 있도록 하고, 동시에 아동이 불안을 느끼지 않도록 등하원에 힘을 쏟고 있다. 조금 더 시야를 넓히면 민간의 보육시설이나 유치원의 이사들은 원의 운영 등에 책임을 지고 있다. 이처럼 보육은 보육교사의 업무만으로 이루어지는 것이 아니라 원과 관계된 많은 전문가의 지원을 받아가면서 이루어지고 있다. 따라서 원 전체의 보육의 질을 향상시키기 위해서는 직장 내의 상호협력이 없어서는 안 된다.

2) 원외의 전문기관과의 협력

아동이나 가족의 문제 중에는 원내에서만 해결할 수 없는 것도 많아, 외부 전문가의 협력도 필요하다. 예를 들어, 장애가 있는 아동의 경우에는 치료센터의 치료사, 심리지원센터, 물리치료사나 언어치료사, 의사, 치과의사 등의 협력이 필요한 경우가 많다. 또한 초등학교 입학을 앞두고 있는 경우는 초등학교나 교육위원회 등과의 연락도 중요하다. 매일매일의 급식의 위생관리나 독감 등이 유행할 시에는 보건소와 연락하는 것이 필요하고, 또한 학대가 의심되는 사례의 경우에는 아동상담소나 경찰과의 연락이 필요하기도 하다.

아동의 문제만이 아니라 원에서 나오는 쓰레기 처리나 수도관의 막힘, 문고리의 교환 등의 경우에는 지자체의 주민센터나 구청과의 연락이나 지역 공구점과의 연락이 필요하고, 정원의 전정에는 식목원의 직원 등, 원 생활은 지역사회의 전문가의 힘에 의존하지 않으면 안 되는 경우가 많다. 집중호우나 전기의 고장 등 긴급한 일이 일어나는 경우에는 이러한 외부의 전문가의 지원이 있어야 평화로운 일상이 이루어질 수 있다는 것을 새롭게 실감하게 된다.

그러나 전문가는 종종 자신이 담당하는 위치에서만 문제를 바라보는 경향이 있어서 전문가들 사이에 의견 차이가 일어나는 경우도 자주 있다. 예를 들어, 치과의사가 식후 이닦기는 10분 이상 하는 것이 아니면 효과가 없다고 말했다고 해 보자. 영유아가 식사나 간식 때마다 10분씩 이닦기를 하는 것은 불가능하고, 만일 그대로 한다면 자유놀이시간이 줄어드는 등 원 생활 전체에 영향을 받게 될 것이다. 또는 아동 치료센터에서는 문제가 보이지 않는 아동이 원의 집단생활에서는 아직 적응하지 못하는 경우 등, 아동의 생활 자세가 크게 다른 경우도 있다.

보육교사는 아동과 가족에게 가장 가까이 있는 전문가다. 따라서 다양한 전문분야의 조언이 있는 경우에 보육교사가 그것들을 통합하는 역할이나 전문직 동료를 연결하는 역할을 해야 할 필요가 있다. 그러므로 보육교사는 협력하고 있는 다른 전문직의 전문성이나 사회적 역할 등에 대하여 지식을 가지는 것이 매우 중요하다. 이러한 직장 밖 협력은 원의 담장을 넘어서 점점 넓혀져 가는 시대가 되었다.

4 가정, 지역과의 협력 사례

지역의 전문기관과 어떻게 연계할 수 있는가에 대하여 사례를 통하여 다음에서 생각해 보려고 한다. 실제에서는 연계에 이르기까지 다양한 곤란과 과제에 부딪히는 경우가 많고, 충분한 성과를 얻지 못하는 경우도 있다. 그러한 현실도 포함하여 어떻게 협력할 수 있는지에 대하여 가상으로 생각해 보자. 우선 여기서는 한 사람의 젊은 보육교사가, 약간 적응에 어려움을 갖는 모습을 보였던 건후(가명)를 담임으로 보육했던 경과를 사례로 다뤄보려 한다.

건후는 실제 발달 상담을 담당했던 전문가로부터, 몇 명의 아동의 사례를 복합하여 만든 상상 속의 아동이다. 건후의 보육에 대하여 고찰하면서, 보육교사가 만나는 곤란과 그 해결에 대해서 전형적인 상황을 구성하여 보고자 한다. 이 사례를 통해 지역 의료기관 등 전문기관과의 연계 실제, 또한 각종 전문적 상담원과의 연락 방식을 생각해 보자.

사례개요

건후(가명)는 현재, 초등학교 2년생이다. 친구와 놀이하는 것이 서툴고, 교과는 자신 있는 것과 자신 없는 것이 극단적으로 나뉘고, 자신 없는 것은 좀처럼 하려 하지 않는 것이 주위 사람들의 고민이지만, 건강하게 통학하고 있다. 건후가 A보육시설에 입학했던 것은 2세부터였다.

김(가명)선생은 당시 보육경력 3년 차로, 원에서는 젊은 보육교사였다. 그 해, 김선생은 다른 한 선생님과 함께 2세아 반의 담임이 되었다. 12명의 아동들 가운데서, 건후를 포함하여 8인은 2세아 반으로 처음 원에 입학한 아동이었다.

1) 신경이 쓰이는 면이 있지만 조금 지켜보기로 하자

김선생은 건후가 다른 원을 다니다가 왔다는 것을, 입학할 때 부모로부터 들어서 알았다. 이전의 원에서 건후는 발달이 늦는 것일지도 모르기 때문에 전문가의 의견을 들어보도록 해야 한다는 조언을 들었고, 부모는 그에 대해 불신감을 가지고 퇴원하였다고 말하였다.
처음 그 이야기를 들을 때는, 부모의 이야기가 별로 신경쓰이지 않았다. 그러나 아이를 맞이하고 보낼 때, 금새 부모가 쌀쌀해지고 다른 보통의 어머니와 분위기가 다른 것을 알게 되었다. 부모는 보육교사에게서 그 날의 원에서의 모습에 대해 약간의 이야기만 들어도, 무언가 건후에게 문제가 있다고 지적당하는 것이 아닐까, 몸 둘 바를 몰라 한다는 것을 알게 되었다. 이 때문에 초기부터 부모와 일상적인 상호작용이 어려웠고 약간 부자연스러움이 있었다. 이전의 원에서 어떤 일이 있었는지 신경쓰고 있었다.
김선생이 건후의 모습이 약간 이상하다고 느낀 것은 입학하고 얼마 안 지나서였다. 최초는 소리를 내서 불러도 반응이 없는 것이나, 친구에게 관심을 갖지 않는 것부터, 약간 이상한 점이 있다고 생각하였다. 그래도 곧 소리는 들을 수 있다는 것을 알게 되었다. 이 때문에 지금 당장은 친구와 놀이가 별로 없어도 건후 나름대로 즐거운 것을 찾아 하겠지 지켜본다는 기분이었다.
그런데 여름방학이 지나도 친구들에게 관심이 없고, 편중된 특정의 것에만 관심을 갖고, 책상에 엎드려서 블록을 나란히 놓으면서 놀고 있는 것을 자주 보게 되었다. 반의 활동으로 유인해 봐도 전혀 무관심한 상태로 변화가 없었다. 개성이라고 보아 넘기려고 생각도 해보고, 무언가 특별한 눈으로 건후를 보는 것은 좋지 않은 것이라고 생각해 보기도 하지만, 점점 걱정스러운 생각이 드는 것이었다.

여기서의 포인트 - 보건소와의 연락

3세경까지 언어 발달이 원만하지 않아 발달에 지체가 있는 것은 아닌가 걱정하다가도, 그 후 점차로 순조롭게 자라는 아동을 흔히 보게 된다. 건후가 그러한 경과를 밟는 아동인가, 아니면 발달지체나 문제를 가지고 있어서 특별한 원조가 필요한 아동은 아닐까? 이를 알 수 있다면 보육의 방향성을 발견할 수 있을 것 같았다.
이러한 아동의 발달상의 문제를 조기에 발견하여 적절한 지원을 하기 위해, 소아과나 보건소에 영유아검진이 있다.
건후는 1세6개월에 검사를 받았다. 그때, 특별한 문제는 없었다고 어머니에게 들었다. 그말을 듣고 김선생은 자신의 보는 눈이 틀렸을지도 모른다고 생각하였다.
그러나 그 이후 원장과 어머니가 대화하는 가운데, 그 당시 진단 의사는 건후가 의사소통이 조금 어렵고 언어의 발달이 염려되서 경과관찰을 받으러 오라고 권하였다는 것을 알게 되었다. 그러나 원장이 부모에게 물었을 때 '문제가 있는 것은 아니다'라고 답하였다라는 것을 나중에 알았다. 그렇다면, 보건소에서는 건후에게 발달의 문제를 느꼈고, 지원을 할 필요가 있다고 생각한 것 같았다.
여기서, 어린이집이나 유치원이 보건센터와 어디까지 연락해야 하는가의 문제가 있다. 일반적으로 보건센터에서 상담을 담당하는 보건사나 심리상담사는 우선, 부모자녀관계가 양호한가를 아동의 발달에서 가장 중요하게 생각하는 입장을 갖는다. 아동의 발달상의 문제에 신경이 쓰이더라도, 부모가 그것을 받아들일 수 있는 상태에 있는가를 신중하게 관찰하면서 상담을 진행한다. 받아들일 수 없는 상태에서 발달의 지연을 지적한다면, 부모의 양육태도가 변하여 오히려 아동의 상태가 나빠진다든지, 부모가 관계기관과의 연락을 중단하여 고립되고 마는 경우가 많기 때문이다.
이와 같이 기본적인 대응의 자세는 보건센터만이 아니라 많은 전문기관에서 공통적인 것이다. 이런 상황을 이해하지 못하기 때문에 보육교사는 점점 전문기관이 부모에게 진실을 전달하지 않는다는 불신감을 갖는 경우가 있다. 또한 보육교사는 보건센터가 파악하고 있는 정보를 알고 이를 보육에 활용하고자 하는 경우가 많지만, 전문기관에서는 비밀원칙이 있어서 정보 교환을 하는 데에 제한이 있다.
그러나 부모의 이해를 얻을 수 있다면, 다양한 협력이 가능하다. 예를 들어, 보건센터에서 경과 관찰이나 지도를 받는 날에, 보육교사가 전화로 상담할 수도 있다. 이와 같은 것이 가능하다면 보육에 많은 도움이 될 것이다.
건후의 경우는 이 시점에서 건후의 상태에 대하여 부모와 대화하는 것이 곤란하였다. 그와 같은 경우, 전문기관과 협력하는 것이 이후 남는 과제이다. 보건센터는 보건업무를 책임지고, 아동의 건강에 관해서 중요한 전문기관이므로 실제에 그것을 실현하기 위해서는 원에서 적극적으로 관계기관과 교류하는 것이 필요하다.

2) 원에서의 협조

3세아 반이 되면 보육의 내용도 반의 분위기도 크게 변화한다. 담임은 1명인 경우가 많고, 담임과 아동의 개별적 상호작용이 줄어들고, 반 전체에 대한 지시 장면이 늘어난다. 아동들의 그림그리기 활동이나 놀이도 눈에 띄게 발달한다. 다른 아동의 성장에 비하면, 건후의 행동은 일방적인 이야기만 있고 상호 대화가 잘 되지 않고, 주위에서 어떤 놀이를 하고 있어도 혼자 로보트 놀이를 하고, 활동 장면을 바꿀 때면 혼자만 늦어지고, 낮잠 시간에 자다가 갑자기 일어나서 큰소리를 내서 혼자 이야기하는 등, 2세아 반의 아이와는 다른 특징들이 눈에 띄게 되었다.

김선생은 또 다른 반 담임과 자주 이야기하게 되었다. 자신들의 보육에 문제가 있는 것은 아닌가, 건후를 보는 자신의 견해에 문제가 있는 것은 아닌가라고 생각하였다. 다른 특별활동 시간에 활동해 주는 파트타임 보육교사도 건후를 걱정하는 소리를 전달해 주었다. 그러나 반의 담임 이외에는 좀처럼 자신들의 고민을 이야기하지 않았다.

처음으로 직원 전체 회의에서 건후의 일을 보고하고 상담하게 된 때는, 3세반을 거의 마쳐갈 즈음이었다. 회의에서는 김선생이 생각하고 있는 것 이상으로, 다른 반의 보육교사도 건후를 신경쓰고 있는 것을 알게 되었다. 그때부터 정기적으로 건후의 상황에 대하여 직원회의에서 다루게 되었다.

여기서의 포인트 - 다른 교사들의 관점도 수용하다

직원회의에서 김선생은 지금까지 몰랐던 건후의 모습을 알 수 있게 되었다. 예를 들어, 때때로 영아반에 들어가서 거기서 블록놀이를 하곤 했는데 그 곳에서 1세아가 다가오면, 블록을 빌려준다든지 하면서 유유히 즐기고 있는 것, 또한 급식을 좋아해서 급식을 만들고 있는 곳을 거닐다가 들어가서 조리 직원과 이야기를 하는 것, 근처의 자원봉사자가 외벽을 수리한다든지 책상을 고치는 작업을 할 때 열심히 보고 돕기를 하는 등이다.

그때까지 김선생은 건후가 그렇게 하고 있을 때 가능한 한 건후를 반에 돌아가도록 하고 있었다. 회의를 몇 차례 하는 가운데, 여러 장면에서 다양한 사람이 건후와 상호작용해 준다면 좋을 것이라는 것이 확인되어 갔다. 건후의 일을 직원 전원이 이해해 주고, 담임 혼자서만 돌보지 않으면 안 된다는 기분에서 해방되어, 정신적인 부담감이 가벼워졌다.

일반적으로 유치원은 1인 담임으로 20에서 30명의 아동을 보육한다. 따라서 다른 반의 보육을 보는 기회가 많지 않다. 한편, 보육시설에서는 적은 수의 아동을 복수의 보육교사가 보육하는 것이 일반적이기 때문에 다른 반의 보육을 보는 기회가 많이 있다. 그렇지만 그것과 관계없이, 김선생처럼 다른 반의 보육교사와 연락하기까지 꽤 시간이 걸리는 일이 드문 일이 아니다. 지금부터라도 의식적으로 원 전체가 함께 아동을 보육한다는 체제를 갖추어 가는 것이 중요하다. 보육교사 간의 연락을 제도화하고 있는 원도 있다. 예를 들어, 다른 반의 담임이 보육의 관찰자나 보조자가 되는 날을 매 학기에 하루 정하는 원이 있다. 그와 같은 노력을 통해 원 전체의 보육교사를 유효하게 활용할 수 있는 것이다.

이와 같은 협력의 최대 장점은, 담임이 신경쓰지 못한 아동의 다양한 면을 알 수 있고, 아동을 다면적으로 볼 수 있다는 것이다. 김선생의 경우는 건후의 그런 모습까지 신경쓰지 못했던 것을 알게 됨으로써, 그전보다도 건후에 대하여 긍정적인 눈으로 볼 수 있게 되었다. 그것은 일상적 보육이나 부모와의 관계에서도 여유를 가지고 대응할 수 있게 해 준다.

3) 부모와의 협조

4세아 반에서 김선생은 1인 담임이 되었다. 그리하여 건후와 개별적으로 상호작용할 수 있는 시간이면 다양한 보육 방식으로 노력을 기울였다. 예를 들어, 자유놀이 시간에는 건후가 흥미 있는 로보트를 손에 들고 놀이를 확장해가도록 의욕적으로 유도하였다. 또한 가정에서 로보트 영상물을 보는 것만 할 것이 아니라, 함께 노는 시간을 갖도록 부모에게도 이야기하였다.

그러나 건후는 문자나 컴퓨터에는 관심을 보이는 반면, 반의 활동에는 좀처럼 참가하지 않았다. 이대로 가면 친구와 노는 힘을 키우지 못하고 경험이 넓혀지지 않으므로, 이후의 발달이 큰 걱정이 되었다. 원 전체 회의에서 건후가 가정에서 지내는 방식에 문제가 있는지 의문이 제기되었고, 무엇인가 발달에 문제가 있는 것은 아닌가 등, 다양한 견해가 나왔다. 결국 발달에 관한 전문적인 관점에서 건후를 보는 것이 필요하다는 의견이 대세를 차지하게 되었다. 그것을 받아들여서 원장이 발달 상담을 받아 보는 것으로 결론이 내려졌다.

그때에 제일 문제가 되는 것은, 발달 상담을 받는 것에 대해서 부모에게 승낙을 얻는 것이었다. 김선생은 지금까지의 부모의 태도를 생각하면 승락을 얻는 것이 어려울 것이라고 생각하였다. 부모와 건후의 문제에 대하여 솔직하게 이야기하는 관계를 어떻게 만들 수 있을까 답이 좀처럼 보이지 않았다.

그 해에 김선생은 매학기 한 번 열리는 연수회에 참가하였다. 거기서 '부모와의 관계 형성하기' 분과회에서 고민을 이야기할 때, 다른 보육교사로부터 참고가 되는 체험담이나 조언을 듣게 되었다. 그것이 기회가 되어 김선생은 부모의 양육을 바라보는 시야가 넓어지고, 바쁘게 일을 해가면서 열심히 건후를 키우려고 분투하고 있는 부모의 모습을 공감할 수 있게 되었다. 차차 건후의 등하원 시간에 부모와 잠깐 서서 나누는 대화 시간에, 즐겁게 편안한 기분으로 이야기할 수 있게 되었다.

한편 4세아 반의 연말 발표회에 건후 부모가 처음으로 출석하였다. 부모는 거기서 반의 아동들이 훌륭하게 연기하는 것, 협력하고 있는 모양에 놀랐다. 그때부터 부모는 건후가 조금씩 친구들과 관계를 맺으면서 놀도록 키우고 싶다는 생각을 하게 되었다.

이와 같은 시간이 흘러서, 5세아 반이 된 때에 원장이 부모에게 발달 상담을 받아 보면 좋겠다는 뜻을 전달하였고, 부모는 의심하면서도 승낙하게 되었다.

여기서의 포인트 - 신뢰에 기반한 부모와의 커뮤니케이션

보육교사가 아동의 문제에 대하여 부모와 솔직하게 대화하고 협력하는 관계를 만드는 것이 어렵다는 고민을 많이 듣는다. 물론 이와 같은 문제에 만능의 처방은 없다. 문제의 배경도 중심도 다양하기 때문이다. 기본적으로는 사례별로 대응해야 하는 것이다.

그러나 이 사례에서 참고할 만한 사항이 있다.

보육교사는 원에서 아동에게 문제가 있다고 느낄 때, 우선 부모의 양육방식에 문제가 있다고 생각하는 경향이 있다. 이 때문에 부모를 지도하는 관계를 만들려고 한다. 그러나 인간은 직업상의 관계가 있는 경우가 아니라면 혹은 그 사람을 존경하거나 신뢰하지 않는 한, 지도를 받아들이려고 하지 않는다. 보육교사와 부모의 관계는 지도하고 지도를 받는 관계가 아니기 때문에, 보육교사에게 지도적 태도나 분위기가 조금이라도 있다면 부모는 커뮤니케이션을 피하려고 하는 것이 자연스러운 것이다.

김선생도 처음에는 가정에서의 생활이 건후의 발달에 바람직한 것이면 좋겠다고 생각했기 때문에 부모에게 지도적인 접근 방식을 가지고 있었다. 이 때문에 원에서 건후가 성장하는 모습을 전달하는 김선생의 태도가 부모에게는 뭔가 그런 놀이를 가정에서도 해야 한다고 강제하는 것처럼 느껴져서, 솔직히 심문받고 있는 것 같은 기분이었던 것이다.

연수회에 참가하고 보육교사 동료들과 대화하면서 김선생은 자신의 부모에 대한 태도를 자각하게 되었다.

차차 부모가 노력하고 있다는 것을 공감하게 되었고, 부모와의 커뮤니케이션이 원활하게 되었다. 부모 앞에서 김선생이 약한 모습을 보인다든지, 부모에게 가르침을 구하는 커뮤니케이션을 할 수 있게 되었다. 뭔가 항상 건후의 좋은 점을 발견하여 부모에게 이야기하지 않으면 안 된다는 중압감으로부터 해방되었다. 그리고, 건후는 원에서 이런 것이 곤란한데 어떻게 하면 좋은가 어머니에게 좋은 지혜가 없나, 집에서는 어떻게 하고 있는가 등 솔직한 질문을 던질 수도 있었다. 그 결과, 문제해결을 향하여 함께 나아가는 상담형의 커뮤니케이션이 형성되었다.

김선생은 실제로 부모로부터 가르침을 받는 것이 원에서의 보육에도 참고가 된다는 것을 실감하고, 그러한 커뮤니케이션이 시작되었다. 그렇게 시간이 경과하여, 어느덧 부모도 김선생의 인간성에 감동하고 신뢰를 갖게 되었다.

4) 전문기관과의 협력

5세아 반이 되어 발달 상담을 받을 준비를 시작하였다. 상담을 받기 위해 우선, 보호자의 승인을 얻었는데 원장이 발달상담의 취지를 부모에게 설명하여 승낙을 얻었다. 그리고 의뢰서를 작성하였다. 의뢰서에는 생후 지금까지의 발달과정, 지금까지의 보육의 경과, 현재의 건후의 상황(운동, 언어, 놀이, 사회성 등의 발달 상황), 상담사항 등을 기입한다. 이를 위해서 김선생은 지금까지의 보육기록을 다시 읽으면서 정리하게 되었다.
상담은 신청 2개월 후인 6월말에 실시되었다. 상담원이 보육장면을 관찰하고, 건후에게 발달검사를 실시하고, 그 결과를 정리하여 낮잠시간에 원 전체에서 컨퍼런스가 열렸다. 검사의 장면에서 건후가 지금까지 원에서는 보여주지 않았던 침착하고 의욕적인 모습을 보여주어 김선생만이 아니라 원장도 놀랐다.
이와 같은 과정을 거치면서, 김선생은 그때까지 막연하다고 여겨졌던 건후의 발달상황이나 보육의 과제를 구체적으로 명확하게 알 수 있게 되었다. 그 결과 더 나은 통찰을 가지고 안정된 마음으로 보육을 꾸려나갈 수 있게 되었다.

여기서의 포인트 - 발달상담을 위해 준비하는 과정이 보육을 개선하다
유치원이나 보육시설에서 재원아에 대하여 그 발달이나 보육에 대해 전문적인 상담을 받고 싶어 하는 보육현장의 욕구가 많이 있다. 양육이나 가족이 다양화되는 현실을 감안한다면 이러한 상담제도가 더 잘 정비될 필요가 있다. 이 사례의 발달상담은 육아지원센터에서 보육시설로부터 의뢰를 받고 상담원을 파견하는 것이지만, 그밖에 다양한 전문기관이 다양한 서비스를 실천할 수 있도록 연계할 필요가 있다. 보육교사는 어떠한 서비스가 있는가를 알지 못하는 경우가 적지 않으나, 원장이 적극적으로 지역의 전문기관의 서비스를 원내에 도입할 수 있는 환경을 만들어 간다면 바람직할 것이다.

이와 같은 상담에는 다양한 형식이나 내용이 있다. 보육교사는 부담 없이 언제든지 상담할 수 있는 시스템을 희망하고, 어떻게 대응하면 좋은가에 대해 구체적인 방법을 가르쳐주는 상담방식에 대한 욕구가 강한 것 같다.

이 발달상담은, 그러한 희망과는 대조적이다. 상담을 받기까지 보호자의 승낙을 얻는 것, 원내에서 상담의 합의를 얻는 것, 의뢰서를 작성하는 것 등의 수속이 있다. 보육교사가 상담을 희망하는 것부터, 실제에 상담이 실현되기까지에 긴 시간이 걸린다. 그러나 시간이 걸리는 어려움은 있지만, 상담에 이르기까지의 과정에서 원내 직원 간의 조직이 개선되고, 보호자와의 관계가 조정되고, 보육을 바로잡는 등의 이점도 생긴다.

또한 컨퍼런스에서는 상담원이 전문적인 견해를 가지고 아동의 상태나 보육에 대해 평가와 판단을 하지만, 그것을 보육교사가 전적으로 듣는 것만은 아니다. 컨퍼런스는 보육교사와 다른 전문직의 지혜를 함께 모으는 작전회의의 성격을 갖게 된다. 거기서 생겨나는 지혜를 실제의 보육에 구체적으로 어떻게 활용할 것인가는 보육교사의 과제다. 만일 담임보육교사가 가볍게 상담을 받을 수 있는 경우라면, 자칫하면 대증요법적인 보육 대응이 될 우려가 있다. 그런 의미에서 발달상담은 장벽이 높고 시간도 걸리지만, 그만큼 보육교사의 역량 형성이나 원내의 협력체계의 형성으로 연결될 가능성이 있다.

건후의 보육을 둘러싸고, 담임보육교사인 김선생이 지역의 전문기관과 연락하기까지를 되돌아보면, 다양한 사람들의 협력이 이루어지고 있는 것을 알 수 있다. 이와 같이 한 사람의 아동을 보육하는 것은 원이나 지역의 많은 사람들과의 공동의 노력이 필요한 것이다. 그래서 그와 같은 협력과 함께 보육교사 자신도 성장한다. 아동의 보육에 직접적인 효용을 위해서만이 아니라, 그 원의 보육이 활성화되는 부수적인 효용도 얻게 된다.

활동하기

1 우리에게 필요한 소중한 가치

다음은 소중한 가치를 나타내는 단어들의 예이다.

감사	겸손	공평	관용	믿음	사랑
성실	신중	정직	존중	책임	배려
친절	예의	용기	양심	근면	보살핌
양보	우정	자유	헌신	절약	행복
경청	절제	끈기	정성	질서	평등
협동	희망	약속	자신감	소속감	이해심

1) 보육교사로서 부모와의 관계에서 내게 필요하다고 생각되는 소중한 가치는 무엇일까? 위에 제시되어 있는 단어들 가운데서 찾아서 아래의 네모에 적어보자.

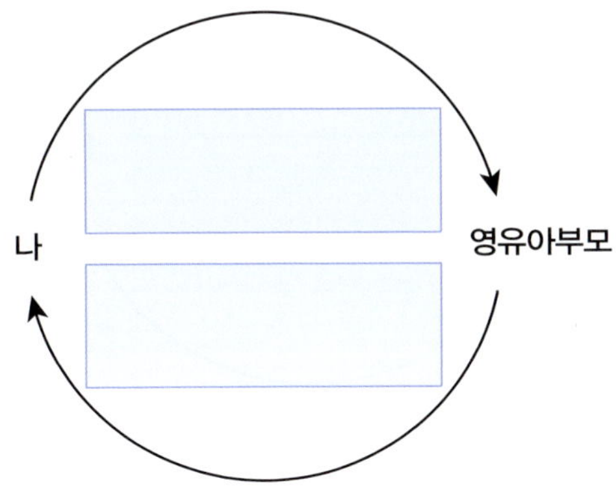

2) 보육교사로서 동료교사와의 관계에서 내게 필요하다고 생각되는 소중한 가치는 무엇일까? 제시되어 있는 단어들 가운데서 찾아서 아래의 네모에 적어보자.

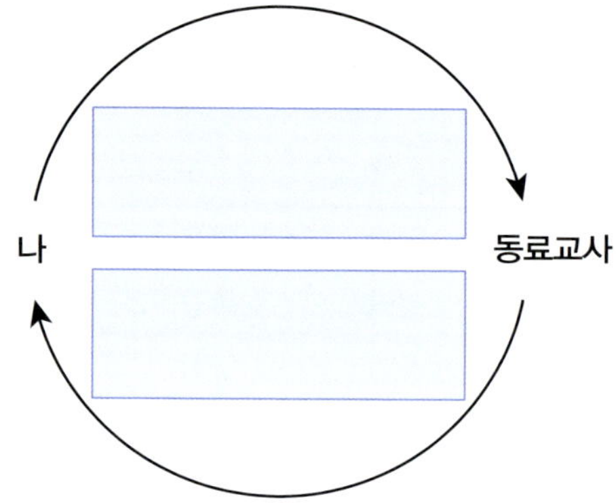

3) 보육교사로서 원장과의 관계에서 내게 필요하다고 생각되는 소중한 가치는 무엇일까? 제시되어 있는 단어들 가운데서 찾아서 아래의 네모에 적어보자.

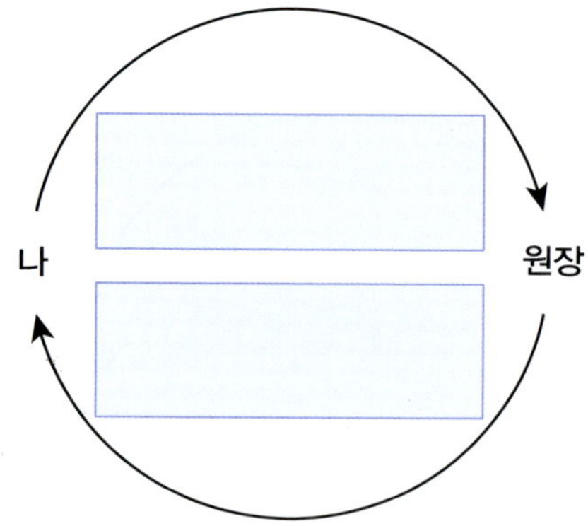

출처: 경제 인문사회연구회 편(2016). p.297 재구성.

2 서로의 역할 알아보기

어린이집에서 흔히 일어나는 상황을 보고 잘못된 점을 찾아보자.

사례1) 식사시간 급식을 먹다가 영수가 먹기 싫은 반찬이 있자 식판을 밀어서 떨어뜨려 옷이 젖어버렸다. 이를 본 조리사가 퇴근 길에 영수의 부모를 마주치게 되자 교사보다 먼저 상황에 대해 이야기해 주었다. 부모는 담임선생님을 보자마자 다짜고짜 무슨 일이냐고 물어 교사는 난처해졌다.

사례2) 실외놀이에서 주민이가 넘어져서 무릎이 깨졌다. 교사는 그 상황을 간호사에게 알리지 않고 교실에 있는 구급약품으로 응급처치를 하고 하원시간에 부모에게 알렸다. 부모는 상처가 남을지가 궁금하여 간호사에게 물었으나 간호사는 그 상황을 알지 못하여 부모에게 답변을 하기 어려웠다.

위의 상황을 보육교직원의 역할에 따른 올바른 상황으로 바꾸어 보자.

사례1)

사례2)

참고

보육교사 이외의 보육교직원과의 관계에서 고려해야 할 것

- 공동체 의식갖기
- 서로의 주된 업무에 대해 기본적으로 이해하고 존중하기
- 자신의 고유 업무에 최선을 다하고, 타인의 고유 업무를 침범하지 않기
- 서로에 대해 평가하지 않기
- 불만을 이야기하기 전에 고마웠던 마음 먼저 표현하기
- 원만한 의사소통을 위해 지속적으로 관계 맺기

출처: 경제 인문사회연구회 편(2016). pp.344-345.

MEMO

Chapter 11

보육의 역사에서 배우기

1. 보육의 기원
2. 최초의 보육실천가 – 오벨랑, 페스탈로치, 오웬
3. 프뢰벨과 그의 시대
4. 몬테소리와 그의 시대
5. 프뢰벨 은물과 몬테소리 교구로부터 우리가 배우는 것
6. 프뢰벨의 교사교육

지금 우리들은 당연하게 보육교사를 논하고 있다. 그러나 보육교사라고 부르는 존재가 사회에서 인식되게 된 것은 수십 년 전 정도의 일에 지나지 않는다. 그렇다고 갑자기 보육교사라는 존재가 솟아나온 것은 아니다. 보육교사라고 불리기 이전부터 교사로서 아동과 함께 살아왔던 사람들이 많이 있다.

여기서는 그 가운데서도 전 세계적으로 영향력을 미친 20세기의 전반까지 대표적인 서양의 학자들을 골라서 다루게 될 것이다. 철학은 삶의 뿌리이고 역사는 우리가 걸어온 발자취다. 철학을 알고 역사를 아는 것을 통해 현재의 우리의 모습을 더 잘 알게 된다. 보육의 발자취를 더듬어 보면서 보육교사로서의 기본 자세와 마음가짐을 다져보기 바란다.

1 보육의 기원

1) 코메니우스

영유아 보육·교육자의 기원을 어디에 둘 것인가는 다루는 방식에 따라 다를 수 있으나 중요한 영향력을 가진 존재로서 코메니우스에서부터 시작하고자 한다.

코메니우스(Johann Amos Comenius, 1592~1670)는 '근대 교육학의 아버지'라고 불리고 있으나 그의 업적은 교육학에 한정되지 않는다. 현대적인 용어로 팔방미인의 재능을 가진 사람으로서 종교, 철학, 문학, 지리 등 다양한 분야에서 거대한 자취를 남겼다. 그 중 하나가 교육 분야이다. 교육학 분야에서의 주요한 저서는 「대교수학」이다.

코메니우스 인생에서 중요한 사건 가운데 하나가 독일을 무대로 한 종교전쟁인 30년 전쟁이다. 코메니우스는 현재 체코공화국의 동부지방에서 태어났으나 1618년에 발발한 30년 전쟁을 계기로 국외망명자가 되었다. 전 생애를 거쳐 여러 타국을 돌아다니면서 생활하고 교육개혁을 위해 헌신하였고 그 결과 유럽 전 지역에 큰 영향을 남기게 되었다. 전쟁이 없는 사회를 희망하였던 코메니우스는 이를 위해 교육의 중요성을 역설하였다.

코메니우스는 「대교수학」을 '모든 사람에게(omnes) 모든 사물(omnia)을 가르치는 보편적인 기법'이라고 설명하였다. 여기서 말하는 '모든 사람'이란 문자 그대로의 의미이다. 즉, 오늘날 우리가 말하는 장애를 가진 아동도 교육의 대상이 된다고 코메니우스는 말하고 있다. 또한 '신이 인간에게 청소년기를 준 것은 인간으로 하여금 인간성(humanitas)을 형성하기 위한 것이다. 이 시기의 만인은 다른 일이 아닌 오로지 교육만을 향하는 상태에 있는 것이다'라고 말하였다. 그러면서 아동기의 시기는 입으로 아무리 말해도 아동의 마음에는 스며들지 못한다고 지적하고, 추상적인 지식보다는 신체를 통한 경험의 중요성을 말하였다(이숙종, 2006). 현대의 관점에서 보아도 충분하게 경청할 가치가 있는 주장이다.

17세기의 서양은 역동적인 변화의 시대였다. 이 시기에 태어난 코메니우스는 희망의 사회를 창조하는 교육을 실현하기 위해서, 자신의 사상을 보다 연마하고 널리 퍼뜨리고자 노력한 인물이었다.

2) 로크

한편 후세의 보육사상, 아동의 발달관에 큰 영향을 미쳤던 사람으로 로크(John Locke, 1632~1704)의 '타불라 라사(tabula rasa)'가 있다. '타블라 라사'란 라틴어로 '백지'의 의미이다. 로크는 '마음이란 아무것도 쓰여 있지 않은 백지'라고 상정하고, 인간은 백지로 태어나서 모든 관념은 경험으로부터 생긴다고 「인간지성론」<An Essay Concerning Human Understanding>(1690)에서 설파하였다. 이 '타불라 라사론'은 현재까지 경험주의 철학 사상을 통하여, 많은 영유아교사나 발달연구자에게 영향을 주었다.

3) 루소

코메니우스의 뒤를 이어, 18세기에 등장한 루소(Jean Jacques Rousseau, 1712~1778)는 사상가로서도 철학자로서도 폭넓은 활약을 하였으나, 보육에 큰 영향을 준 것은 고전이 된 그의 저서 「에밀」<Emile on de l'Education>(1762)이다. 이것은 에밀이라고 하는 소년의 성장을 기록한 소설이긴 하지만, 거기에 드러나 있는 발달관,

교육관은 현재까지 큰 영향을 미치고 있다.

루소가 태어난 18세기의 프랑스는 계몽주의 시대였다. 계몽주의란 구폐를 타파하고 인간의 자연적 이성을 존중할 것을 주장하는 사상이었다. 인간은 평등하고, 계급에 의해 차별받아서는 안 된다고 말하는 주장은 이후 1789년의 프랑스 혁명에 영향을 주었다.

루소의 사상은 계몽주의사상가 가운데서도 과격한 부류에 속한다. '자연으로 돌아가라'를 슬로건으로, 아동은 본래 자연인이고 지식의 주입보다 경험, 직관의 방법이 중요하다고 주장하였다.

루소는 음악에 대한 정열도 남달랐는데 최초에는 음악가로 알려져 있었다. 루소는 디드로(Denis Diderot, 1713~1784)의 「백과전서」 <Encyclopedia> 가운데 음악 항목을 쓰도록 의뢰받았다. 그는 음악의 화음(하모니)이 우주의 완전성의 재현이라고 느꼈고, 현재 누구나 알고 있는 동요 '주먹 쥐고 손을 펴서'의 작곡자이기도 하다.

루소는 자연주의의 사상을 극단적으로 표현하여, '만물은 만든 자가 손을 놓을 때 모든 것은 좋은 것이지만, 인간의 손에 닿으면 모든 것이 악해진다.'라고 하였다. 여기서 루소의 발달관이 드러난다. 이러한 관점은 로크의 '타불라 라사'와 대조적이다.

결국 태어난 순간 한 아동은 완전하지만 거기에 인간의 손을 가하면 악하게 된다고 하는 발달관이다. 따라서 루소는 소극적 교육을 주장한다. 결국 아동이 성장하기 위해서는 성인과의 상호작용이 필요하지만 그것은 인공적으로 하는 것이 아니어야 한다고 말하고 있다. 아동에게 인공적 작용을 더하면 더할수록 아동 본래의 존재방식에서 멀어진다는 것이다. 또한 어른은 아동을 알지 못한다고 루소는 말한다.

> 성인은 아동을 알지 못한다. 아동에 대하여 완전히 틀린 관념을 가지고 있어서 논의를 진행하면 할수록 미로에 빠져든다. 이뿐만 아니라 현명한 사람들은, 성인이 알지 않으면 안 되는 것에 집중하여, 아동은 무엇을 배울 수 있는가를 생각하지 않는다. 그들은 성인이 되기 전에 아동이 어떤 것인가를 생각하지 않는다(루소, 연세대학교 교육철학 연구회 편, 2001).

이와 같이 전개된 루소의 이론은 오늘날의 아동중심주의의 사상으로 연결되는 중요한 흐름을 만들었다.

2 최초의 보육실천가–오벨랑, 페스탈로치, 오웬

1) 오벨랑

세계에서 최초의 보육시설이라고 말할 수 있는 것은 오벨랑(Johann Friedrich Oberlin, 1740~1826)이 창설한 유아보육시설이다.

오벨랑은 현재의 독일에서 태어난 프로테스탄트 목사이고 알사스 로렌 지역(현 프랑스령)에서 생애를 보낸다. 오벨랑은 그 지역의 산업발전을 위해 힘쓰면서 동시에, 주민들의 삶에 눈을 돌려 방임된 아동들의 교육을 시작하였다. 내용은 약간 딱딱한 교수적인 방법을 사용하였으나 보육요구에 관심을 기울였고 그에 대응하는 보육을 했다는 의미에서 현재의 보육과 맥을 같이 하는 실천이다.

오벨랑이 산업발전에 힘을 쏟던 18세기 후반은 유럽의 산업구조에 큰 변화가 일어났던 시기이다. 제1차 산업에서 제2차 산업 중심으로 변화해 가고 있었고, 이러한 변화는 유럽의 선진국인 영국, 프랑스를 중심으로 진행되었다. 이것은 산업혁명이고, 사람들의 삶에도 큰 변화를 가져왔다. 그 시기 빈부 격차는 커져가고 사람들은 사회와 생활의 극심한 변화를 따라가느라 온 힘을 기울여야 했다. 동시에 아동의 삶은 방치되기 일쑤였다. 그러나 시민의식이 자라기 시작하면서 아동의 생활과 양육의 형태에 주의를 기울이기 시작한 것도 이 시기였다.

그 시대에 최초의 실천가가 오벨랑이었으나 오벨랑의 실천은 기존의 주지주의적 교육실천을 벗어나지 못했다. 이를 뛰어넘은 사람이 스위스의 교육사상가 페스탈로치였다.

2) 페스탈로치

페스탈로치(Johann-Heinrich Petalozzi, 1746~1827)는 영유아기의 가정과 어머니의 역할을 중시하였고 사랑의 교육을 제창하였다. 오웬이나 오벨랑도 페스탈로치를 방문하여 영향을 받았다.

페스탈로치는 도시에서 태어나고 자랐으나 목사였던 조부와 함께 시골의 빈촌의 실태를 알게 되면서 농업개량가를 꿈꾸게 되었다. 노이호프라는 농원을 개설하여 농업개량사업을 실천하였고 자신의 농원을 훌륭하게 보금자리로 삼아, 가난한 아이나 고아들을 모아서 생산 활동을 개시하였다. 그 후 스위스 정부의 위탁을 받아 제탄쯔에 빈민계급 아동들의 보호와 자립을 위한 시설을 설립하였다. 이곳에서의 실천이 유럽에서 주목을 받아 역사적인 보육실천이 되었다.

페스탈로치는 아동의 내면의 힘을 존중하고 실물과 직관의 생활교육을 실천하고자 하였다. 그가 생각한 교육은 인위적인 방법을 사용하는 것이 아니라, 있는 그대로의 아동들을 둘러싼 자연이나 아동들의 일상의 요구 그리고 활발한 아동들의 활동을 그들의 도

야수단으로 이용하는 것이었다(최문자, 1973). 결과적으로 페스탈로치는 보육교사의 주류에 연결되는 한 사람이 되었고 고아, 빈민가정 등 아동의 요구에 대응하여 실천하였다. 그러나 그 보다 더 아동들의 욕구에 맞추어 실천하였던 사람은 영국의 오웬이라고 볼 수 있을 것이다.

3) 오웬

오웬(Robert Owen, 1771~1858)은 산업혁명이 가장 빨리 진행되고 있던 시기에 영국에서 그의 생애를 보냈다. 14세에 맨체스터에서 취업하고, 20세의 이른 나이에 신설 방적공장의 지배인으로 취임하였다.

그리고 29세의 나이에 뉴라나크 공장의 새로운 경영자가 되어 스코틀랜드로 이주하여 갔다. 이곳은 현재의 개념으로 기업마을이었고, 극히 일부의 부유층과 대다수의 빈민계급으로 구별된 지역이었다. 오벨랑이 취임 당시, 500인 이상의 아동이 노동을 하고 있었고, 그 가운데 200인 이상은 10세 이하인 상황이었다.

이와 같은 상황에서 공장의 경영 수익을 올리면서 동시에, 근로자의 생활도 개선하는 오벨랑의 실천이 시작되었다. 그 가운데서도 아동의 양육환경이 방치되어 있다는 것에 주의하였다. 그리고 아동의 성격은 환경에 의해 형성되는 정도가 크다고 생각하여 뉴라나크의 방적공장 안에 '성격형성학원'(The instruction for formation of character)(1816)을 설립하였다. 그중 하나가 '유아학교'(infants school)이다.

오웬의 사상은 로크의 '타블라 라사론'을 토대로 한 것이고, 아동기의 환경이야 말로 성격의 형성에 가장 중요하다는 점을 실천을 통해 확인하였다. 특히 유아기의 아동에게는 느긋하고 구김살 없는 환경이 필요하다고 주장하고, 자유로운 활동을 중시하였다. 이같이 유아기의 발달에서 환경의 중요성을 인식하고 구체적으로 실천한 점에 그의 특장점이 있다.

3 프뢰벨과 그의 시대

프뢰벨(Friedrich Wilheim August Fröbel, 1782~1852)은 독일 사람으로서 보육의 기원과 뿌리에 없어서는 안 되는 중요한 인물이다. 아동의 보육에서 놀이라고 하는 내적인 활동의 중요성을 이론화하였고, 그 실천의 장으로서 킨더가르텐(Kindergarten)을 창설하였기 때문이다.

킨더가르텐은 취학 전의 보육시설을 지칭하는 것으로 프뢰벨이 만든 이름이다. 취학 전의 보육시설로서는 오웬의 유아학교 쪽이 빠르지만 현재로 이어지는 보육실천은 프뢰벨의 킨더가르텐의 흐름을 따르고 있다.

이 킨더가르텐을 한국에서는 유치원으로 번역하고 있다. 초기에는 취학 전 교육시설이 유치원 밖에 없었기 때문에 유치원으로 번역하는 것이 옳으나 현재는 취학 전 교육·보육시설로 유치원, 어린이집 등 법률상으로 다양한 기관들이 있어서 이 중에 어떤 것도 킨더가르텐의 성격을 가지고 있다고 볼 수 있다. 독일어인 Kindergrten을 직역하면 '아동의 뜰'이 된다.

프뢰벨은 1782년에 태어났고 그 시기는 프랑스의 혁명전야였다. 엄청난 혼란의 시기이지만 시민의식이 고취되는 분위기가 유럽 전체를 뒤덮었던 시기이기도 하다.

프뢰벨은 6명의 형제의 막내로 태어났다. 어머니는 생후 10개월에 사망하였다. 아버지는 엄격한 목사였고, 어떤 의미에서 암울한 어린 시절을 지냈다. 그는 7세 때 소년으로서는 유일하게 여자학교에 입학하게 되었다. 남자아이 특유의 성격을 부정하면서 자라야 했지만 이것이 이후에 어머니의 역할을 중요하게 생각하는 계기가 되었다고 말할 수 있다.

그 후 화학, 물리학, 광학 등의 자연 과학 분야를 배웠다. 학비 제공이 어려워 학업을 중단했지만, 학습에 대한 의욕은 왕성하였다. 그는 교육에 관한 것을 배운 경력이 없었지만 그가 천재성을 발휘한 분야는 교육이었다.

프뢰벨은 기독교신학, 광물학 등의 지식을 토대로, 인간은 완전한 상태(이것을 프뢰벨은 '구'라고 생각하였다)로 탄생하지만 악한 영향을 받으며 자라고 있는 것을 한탄하였다. 그런 의미에서는 루소의 사상에 가깝다. 그리고 그는 완전한 상태인 내면에서부터 이상적인 상태로 나타나는 것이 '놀이'라로 생각하고, 유아기의 놀이야말로 중요한 것이라고 지적하였다.

프뢰벨은 페스탈로치가 유아기보다도 소년기에 외부로부터의 도야를 중시하였던 점을 비판하면서, 유아기의 중요성과 내면의 발로인 놀이를 중시하였다. 이런 지점에서 현재의 보육에 직접 연결되는 프뢰벨의 사상을 읽어낼 수 있다.

프뢰벨의 사상을 보다 잘 표현하고 있는 것이 「인간의 교육」<Die Menschenerziehung>(1826)이다. 아동의 완전성을 중시하고, 그 구체적인 표현인 놀이에 대해서는 다음과 같이 지적하고 있다.

> 놀이란 유아의 발달 결국 이 시기의 인간 발달의 최고의 단계이다. 이 말은 놀이란 내면에 있는 것의 자유로운 표현, 결국 안에 있는 것을 그 필요와 요구에 기초하여 내면을 표현한 것이기 때문이다. 놀이는 이 단계의 인간의 가장 순수한 정신적 소산이고, 동시에 인간 생명 전체의 잠재된 내적인 것으로, 비밀스러운 자연의 생명의 원형이고, 모사이다. (중략) 이 시기의 아동 생명의 가장 아름다운 모습은 놀이 중의 아동이 아니고 무엇이겠는가.－자신의 놀이에 몰두하고 있는 아동－놀이에 완전히 몰두하고 잠에 빠져들어 버리는 아동－이 아니고 무엇일까(프뢰벨 저, 정명근 역, 1964: 71).

이 문장은 아동의 놀이의 중요성과 아름다움을 묘사한 역사상 최초의 문장인 동시에 최고의 찬사를 담은 문장이라고 보아도 좋다. 아동의 놀이를 프뢰벨만큼 신뢰하였던 보육교사가 누가 있을까? 프뢰벨은 그 실천을 구체화하는 장을 항상 연구하였고, 그 구체적 사물로서 1837년에 Gabe(은물)를 고안하여 제작하였다. 제1은물부터 제20은물까지 구성되어 있고 제1은물이 프뢰벨사상의 근간을 이루는 구(球)이다.

그는 1840년 5월 1일 '킨더가르텐의 설립 혹은 실시를 위한 계획안'을 제출하였다. 그는 서두에 '자, 아동으로 살아가도록 하지 않겠는가!(Kommt, last uns Kindern Leben!)'라는 표어를 제시하고 있다. 그 계획안에 기초하여 설립한 킨더가르텐이 현재의 보육시설의 원류가 되었다. 그것은 '일반 독일 유치원'으로 번역되고 있다. 일반 독일이라고 명명하고 있듯이 독일통일에 대한 염원이 들어가 있는 동시에 다른 지역에서 생활하고 있는 모든 독일의 아동들에 대한 생각이 담겨있다. 현대에 돌이켜보면 그것은 독일만이 아니라 모든 아동을 위한 바람으로 이해된다.

그리고 킨더가르텐 이름('아동의 뜰') 그대로 보육실천에서 가장 중요한 것은 다름 아니라 아동의 놀이가 충분히 전개되는 뜰, 즉 야외라는 것을 킨더가르텐의 명칭을 통하여 주장하고 있다.

그러나 그의 사상은 전부 받아들여졌다고 보기 어렵다. 킨더가르텐은 금지되었고, 그 금지해제를 보지 못하고 프뢰벨은 생애를 마쳤다. 또한 금지가 해제된 이후 킨더가르텐은 세계로 퍼져나갔으나 프뢰벨이 주창하였던 보육실천의 진면목인 바깥에서의 놀이가 그가 생각했던 정도로 중시되지 않았다. 즉, 실내에서 책상을 놓고 작업하는 도구로서 은물을 사용하는 경향이 강했다.

프뢰벨의 아동중심주의, 놀이를 중시하는 보육을 이해하게 된 것은 그의 시대 이후였다.

4 몬테소리와 그의 시대

보육에서 몬테소리(Maria Montessori, 1870~1952)는 최초의 여성 이론가라고 할 수 있다.

그때까지도 보육의 직접 담당자는 주로 여성이었지만, 이론가나 실천을 주도한 사람은 남성이었다. 몬테소리는 그러한 시대에 여성으로서 최초로 보육의 이론과 실천의 주도자가 되었고, 또 그 영향을 세계에 미치게 한 실천가였다.

몬테소리가 아동이었던 19세기 후반 이탈리아는, 초등교육에서부터 고등교육까지 제도가 정비되어 있었다. 몬테소리는 어머니의 영향을 받아 학업에 열심이었지만, 학교 자체는 여성에 대하여 매우 억압적이었다. 몬테소리는 로마대학의 의학과정에 진학을 희망하였다. 당황한 것은 대학 측이었다. 그때까지 한사람의 여학생도 없었기 때문에 몬테소리를 받아들이기 위하여 혼란이 일어났다. 몬테소리는 전례가 없는 곳에서 전례를 스스로 만들어나가는 존재가 되었고, 이것이 몬테소리의 인격을 형성하여 갔다. 선인의 업적을 겸허하게 배우는 동시에 스스로의 독창성을 발휘하는 것을 두려워하지 않는 생명력이 후에 몬테소리 방법을 탄생시키게 되었다.

이탈리아에서 여성으로서 최초의 의학박사가 된 몬테소리는 1907년 로마의 슬럼가에서 3세부터 6세까지의 아동과 함께 생활하게 되었다. 그곳이 '아동의 집(Casa dei Bambini)'이다. 몬테소리는 프랑스의 세강(Eduard Seiguin, 1812~1880) 등의 연구를 응용하여 독자적인 교육 방법을 만들어냈다. 그것은 아동의 자기활동을 존중하고 이를 위한 성인의 도움을 중시하는 방법이다.

몬테소리는 민감기의 개념을 중시하였다. '민감기란 발육이 왕성한 유아기에 특별히 민감한 상태의 것'이라고 말하였고, 그것에 기초하여 다양한 능력의 민감기에 대응하는 환경이 아동에게 주어져야 한다고 주장하였다. 그런 의미에서 몬테소리의 주장은 환경을 중시하는 보육의 특징을 가지고 있다.

그리고 민감기에 어울리는 환경을 만나서 나타나는 아동의 활동은 '일, 작업'이라고 보았다. 대신 놀이에 대한 평가는 높지 않았다. '아동의 생활에서 놀이는 그 다음으로 높이 평가할 수 있는 것이 아무것도 없는 때에만 적당한 것이라고 할 수 있다'라고 말하였다(Isaacs, 2012: 51).

이처럼 몬테소리에게 장난감은 아동의 발달에서 어울리지 않는 것으로 여겨지고 있다. 놀이에 연결되는 장난감 없이 아동의 발달에 어울리는 일, 작업의 도구로서 '교구'를 개발하였다. 교구는 특히 감각의 훈련을 중시하였고, 200개 이상의 교구가 개발되었다.

이 같은 그녀의 독자적인 방법은 '몬테소리 메소드'라고 불리게 되었다. 아동이 개개의 교구와 상호작용을 주로 하는 것이고, 아동들 또래 간의 상호작용은 별로 받아들여지지 않았다.

몬테소리 메소드는 널리 알려져 세계의 보육에 많은 영향을 주게 되었다. 그리고 더 나아가 몬테소리 자신이, 자신의 방법으로 교원 양성을 시작하였다. 미국에서는 전국적인 붐이 일어났고 몬테소리 메소드의 양성을 받은 사람들이 적극적으로 이를 실천하였다. 그리고 1914년에는 몬테소리를 미국에 초빙하여, 전 미국에서 대환영을 받았다. 그러나 몬테소리방법은 제1차 세계대전 이후 이탈리아의 파시즘의 대두로 인해 이탈리아 국내에서 금지되었고, 대신 이탈리아 이외의 나라들, 영국, 프랑스, 네덜란드 등에서 널리 보급되었다.

20세기 전반의 두 차례의 세계대전을 거치면서 아동의 자기활동을 중시하는 몬테소리의 이론과, 실제 보급되었던 몬테소리 메소드 사이에는 큰 괴리가 생겼다. 몬테소리가 중요시했던 것이 무엇인가와는 상관없이 몬테소리의 이름은 메소드, 즉 교구와 연결되었고 그녀의 본래 정신은 희미해지곤 하였다.

5 프뢰벨 은물과 몬테소리 교구로부터 우리가 배우는 것

지금까지 유럽과 미국의 역사 속의 보육교사를 다루어보았다. 그 가운데서도 프뢰벨과 몬테소리는 특별한 주의를 기울일 필요가 있다.

두 사람은 독자적 실천의 장인 '아동의 뜰', '아동의 집'을 개설하였다. 실천의 장을 만들어 낸 보육교사는 적지 않다. 오벨랑의 '성격형성학원', 맥밀란 자매의 '보육학교', 듀이의 '실험학교' 등 모두 학교의 일종으로 이름지어졌다. 그에 비해 유아기의 아동에게 중요한 것은 학교가 아니라 생활의 장이라는 것을 명확히 한 프뢰벨과 몬테소리의 시설은 그 주장이 명확하다. 그 가운데서도 프뢰벨의 '아동의 뜰'은 생활의 주체가 아동인 것, 놀이의 장으로서 집 밖이 중요한 것을 보여주고 있어서 보육의 특징을 잘 드러내고 있다.

또한 아동의 내면에서부터 밖으로 드러나는 것을 중시하고, 그것에 어울리는 은물과 교구를 고안하고 제작하였던 것도 프뢰벨과 몬테소리의 공통점이다.

두 사람의 보육이론과 실천은 아동의 자발성을 존중한 것이다. 그러나 그 영향이 널리 퍼지면서 오히려 형식을 중시하는 방향으로 흘러갔다는 점도 공통적이다. 은물이나 교구의 사용방법에서 본래는 아동의 내면으로부터 드러나는 놀이에 사용되는 보조도구였으나 언젠가 은물을 사용하지 않으면 프뢰벨식, 교구를 사용하지 않으면 몬테소리 메소드가 아닌 것이 되어버렸다. 결과적으로 아동의 자발성이 실종되는 것이다.

보육은 아동의 자발성으로부터 그 실천이 세워지고 드러나는 것이고, 거기에는 결단코 형태나 패턴이 있어야 하는 것은 아니다. 그럼에도 불구하고 눈으로 볼 수 있는 형태에 치우치는 위험성이 있다. 은물과 교구의 역사가 이를 가르쳐주고 있다.

6 프뢰벨의 교사교육

프뢰벨의 교육사상은 그의 유치원에서 실현되었다.

동시에 프뢰벨은 아동들을 이끌고 지도하는 영유아 교사의 중요성을 함께 깨달았다. 아동들이 가진 잠재력을 바로 알고 이해해서 그들을 이끌어 줄 수 있는 교사야말로 유아·아동에게 있어서는 누구보다 중요한 존재라고 여겼다. 가정에는 부모와 같은 존재이며 동시에 신에게로 다가가는 길을 함께 인도해 주는 신의 대리자 역할을 한다고 보았다. 즉, 프뢰벨은 영유아 교사를 단지 교사로서 머물게 한 것이 아니라 아동들과 더불어 그들이 가진 잠재력과 의지를 실현하도록 도와주는 안내자로서 한층 높은 차원으로 교사를 끌어올린 것이다.

영유아 교사교육에 대한 그의 집념은 유치원 교사양성소에서도 드러난다. 여기서 그는 아동의 발달과 전반적인 특성들을 고려하여 하루의 일과 및 각 단계를 세분화해서 제시하고, 교사로서의 자질과 전문적인 식견을 가질 수 있도록 자신의 철학을 가지고 이끌어 나갔다.

오늘날 프뢰벨 이후 많은 시간이 흘렀지만 프뢰벨이 제시한 교사론과 교사교육의 원리는 우리들에게 많은 시사점을 던져주고 있다.

활동하기

1 나의 보육철학 수립하기

보육교사가 된다면 내가 중요하게 우선적으로 고려할 것을 자유롭게 적어보자.

1) 보육교사로 아이들을 대할 때

2) 보육교사로 어린이집 업무를 할 때

3) 위에서 적은 것을 종합하여 중요한 것부터 우선순위를 적어보자.

- 1순위
- 2순위
- 3순위

4) 1), 2), 3) 순서를 바탕으로 나의 보육철학을 적어보자.

2 모델로 삼고 싶은 보육사상가 찾아보기

1) 이 장에서 나왔던 여러 보육사상가 가운데 특히 나의 마음을 끌었던 보육사상가는 누구인가?

2) 특히 모델로 삼고 싶은 이유는 무엇인가?

3) 나는 어떤 교사가 되고 싶은가?
존경할 만한 사상가의 개념을 사용하여 표현하여 보자.

APPENDIX

부 록

전국 보육교사 윤리강령

『보육인 윤리 선언』

나는 영유아의 건강한 성장과 발달을 지원하는 보육교사(어린이집 원장)로서, 직무상의 윤리적 책임을 다하여 다음 사항들을 지킬 것을 다짐합니다.

1. 나는 내가 영유아에게 지대한 영향을 미치는 존재임을 잊지 않으며, 항상 스스로의 말과 행동에 신중을 기한다.
1. 나는 영유아의 인격과 권리를 존중하며, 어떠한 경우에도 영유아에게 해가 되는 일을 하지 않는다.
1. 나는 영유아 가정의 다양성을 이해하고 존중하며, 상호 신뢰하는 동반자적 관계를 유지한다.
1. 나는 동료를 존중하고 지지하며, 서로 협력하여 최상의 보육 서비스를 제공하기 위해 노력한다.
1. 나는 보육의 사회적 책임과 역할을 인식하고, 영유아의 권익과 복지를 위한 활동에 앞장선다.
1. 나는 「어린이집 원장·교사 윤리강령」을 직무수행의 도덕적 규준으로 삼아 진심을 다하여 충실히 이행한다.

『어린이집 원장 및 보육교사 윤리강령』

보육은 영유아를 건강하게 양육하고, 안전하게 보호하며, 발달특성에 적합한 교육을 제공하는 복지서비스이며, 보육인은 사랑과 존중과 전문지식을 바탕으로 영유아의 전인적 성장에 영향을 미치는 전문직업인이다. 그러므로 보육인은 윤리적 의식과 태도를 가지고 사회적 본분에 임해야 한다.

이에 어린이집 원장과 보육교사는 스스로 책무성을 발현하여 윤리강령을 제정함을 밝힌다. 본 강령을 직무수행의 규준으로 삼아, 보육현장에서 발생하는 윤리적 갈등을 해결하고, 생존권, 보호권, 발달권, 참여권 등 영유아의 권리를 보장함으로써, 직무상의 윤리적 책임을 다하여 전문직업인으로서의 위상을 공고히 하고자 한다.

더불어 영유아와 그 가정, 동료와 사회의 존엄성을 존중하는 보육의 실천으로 다각적인 신뢰를 구축하고, 영유아의 잠재력을 최대한 발휘시킴으로써 영유아가 긍정적인 자아개념을 형성하고 유능한 사회인으로 성장할 수 있도록 도와, 궁극적으로는 영유아와 그 가정, 동료와 사회의 통합적 이상적 복지 실현에 기여하고자 한다.

제 I 장. 영유아에 대한 윤리

1. 영유아에게 고른 영양과 충분한 휴식을 제공하여, 몸과 마음이 건강한 사람으로 자라도록 돕는다.
2. 성별, 지역, 종교, 인종, 장애 등 어떤 이유에서도 영유아를 차별하지 않고, 공평한 기회를 제공한다.
3. 영유아는 다치기 쉬운 존재임을 인식하여 항상 안전하게 보호한다.
4. 영유아에 대한 정서적·언어적·신체적 학대를 행하지 않는다.
5. 어린이집 내외에서의 영유아 학대나 방임을 민감하게 관찰하며, 필요한 경우 관련 기관(“아동보호전문기관” 등)에 보고하고 조치를 취한다.
6. 영유아의 인격을 존중하고, 개인의 잠재력과 개성을 인정한다.
7. 개별적 상호작용 속에서 영유아의 요구를 수용하기 위해 노

력한다.

8. 영유아의 사회, 정서, 인지, 신체 발달을 통합적으로 지원하는 보육프로그램을 실시한다.
9. 특별한 도움을 필요로 하는 경우, 전문가와 협력하여 영유아의 입장에서 최선의 대안을 찾는다.
10. 보육활동을 계획, 실행, 평가하는 모든 과정에 영유아의 흥미와 의사를 반영한다.
11. 영유아의 개인적 기록과 정보에 대해 비밀을 보장한다.

제II장. 가정에 대한 윤리

1. 상호 신뢰를 바탕으로 영유아의 가정과 동반자적인 관계를 유지한다.
2. 각 가정의 양육가치와 의사결정을 존중한다.
3. 경제적 수준, 가족형태, 지역, 문화, 관습, 종교, 언어 등 어떤 것에 의해서도 영유아의 가정을 차별 대우하지 않는다.
4. 보육활동 및 발달 상황에 관한 정보를 정확하게 제공하여 영유아에 대한 가정의 이해를 돕는다. 다문화, 심신장애 등으로 의사소통에 도움이 필요한 경우 문제를 해결할 최선의 방법을 도모한다.
5. 어린이집 운영 전반에 관한 정보를 공개하여 영유아 가정의 알 권리에 응한다.
6. 보육프로그램과 주요 의사결정에 영유아의 가정이 참여하도록 안내한다.
7. 필요한 사회적 지원, 전문서비스 등 관련 정보를 제공하여 영유아 가정의 복리 증진을 돕는다.
8. 영유아 가정의 사생활을 보호하고 익명성을 보장한다.

제Ⅲ장. 동료에 대한 윤리

[어린이집 원장]

1. 최상의 보육서비스 제공에 필요한 인적·물적 환경의 조성 및 유지를 위해 노력한다.
2. 보육교사를 신뢰하고 존중하며 전문성과 자율성을 인정한다.
3. 성별, 학연, 지연, 인종, 종교 등에 따라 보육교사를 차별하지 않는다.
4. 업무 관련 의사결정이 필요한 경우, 보육교사의 의견 개진 기회를 보장한다.
5. 보육교사에게 지속적 재교육 등 전문적 역량 제고의 기회를 부여한다.
6. 보육교사에게 적정 수준의 보상(보험, 급여 등)을 안정적으로 제공하며, 복지증진에 힘쓴다.
7. 보육교사 개인의 기록과 정보에 대한 비밀을 보장한다.

[보육교사]

1. 존중과 신뢰를 바탕으로 협력하며, 서로의 전문성과 자율성을 인정한다.
2. 상호 간 역량계발과 복지증진에 부합하는 근무환경이 되도록 힘쓴다.
3. 어린이집 원장 및 동료와 영유아 보육에 대한 신념을 공유한다.
4. 보육교사로서의 전문성 향상을 위해 스스로 노력한다.
5. 어린이집 내에서 영유아 및 보육교사의 인권과 복지를 위협하는 비윤리적 사태가 발생한 경우, 법률규정이나 윤리기준(“한국보육시설연합회 윤리강령위원회” 참조)에 따라 조치를 취한다.

제Ⅳ장. 사회에 대한 윤리

1. 공보육에 대한 책임을 인식하고, 항상 질 좋은 보육서비스를 제공한다.
2. 영유아의 안전을 위협하는 환경이나 정책이 발견될 시, 관계 기관과 협의하여 개선한다.
3. 공적 책임이 있는 어린이집으로서 재정의 투명성을 유지하고, 부정한 방법으로 사적 이익을 취하지 않는다.
4. 영유아의 권익보호를 위해 관련 정책 결정 및 법률 제정에 적극 참여하며, 사회적으로 이를 널리 알리는 데 앞장선다.
5. 지역사회 실정에 맞는 어린이집의 책임과 역할을 인지하고, 실천하고자 노력한다.

출처: 어린이집 원장 및 보육교사 윤리강령_보육인 윤리 선언

윤리강령(Code of Ethical Conduct)

NAEYC Position Statement (Adopted 1989/Amended 1997)

서문(Preamble)

NAEYC는 유아들을 대상으로 일하는 사람들에게 요구되는 수많은 매일의 결정들이 도덕적·윤리적 특성을 지닌다는 사실을 인식하고 있다. NAEYC의 「윤리강령」은 책임 있는 행동에 대한 지침들을 제시하고, 어린 유아들을 보육하고 교육하는 과정에서 확인하게 되는 중대한 윤리적 딜레마들을 해결하기 위한 보편적인 기초를 제창하고 있다. 최우선적인 중점은 출생부터 8세에 이르는 유아들을 위한 프로그램들에서 유아와 그 부모에 관련된 매일의 실제에 두고 있는데, 그러한 프로그램들로는 영아 프로그램, 취학 전 교육기관, 보육기관, 가정탁아(family child care homes), 유치원, 초등학교 학급 등이 있다. 이 규칙 속의 조항들 중 상당수는 유아들을 직접 상대해서 일하지는 않는 전문가들—프로그램 관리자, 부모, 교육 이론가, 대학교수, 아동보육자격증을 가진 전문가—에게도 적용될 수 있다.

중심가치

유아들을 보육하고 교육하는 과정에서의 윤리적 행동의 기준은 우리 분야의 역사 속에 깊이 뿌리 박혀 있는 중심가치들에 입각하여 수립되어 있다. 우리는 다음과 같은 가치들을 지켜왔다.

- 유아기를 독특하고 가치 있는 인생주기의 한 단계로 이해하기
- 유아에 관한 우리의 직무를 유아발달에 관한 지식에 근거하기
- 유아와 가정 간의 밀접한 유대관계를 이해하고 지원하기
- 가정, 문화, 집단, 사회의 맥락 속에서만이 유아들을 가장 잘

이해할 수 있고 지원할 수 있다는 사실을 인식하기

- 각 개인(유아, 가족구성원, 동료)의 존엄성, 가치, 개성을 존중하기
- 유아들과 성인들이 신뢰, 존경, 긍정적인 인식 등을 기초로 한 관계 속에서 그들의 모든 잠재력을 발휘하도록 도와주기

개념적 체계

이 윤리강령은 (1) 유아, (2) 가정, (3) 동료, (4) 지역사회와 공동체(society)의 4장으로 구분하여 직업의 전문적 책임에 관한 개념을 나타내고 있는데, 각 장은 직업적인 관계들의 활동영역을 각각 나타내고 있다. 각 장은 ① 그 활동영역에서 유아들을 담당한 교사들의 중대한 책임에 대한 개념도입, ② 모범적인 직업적 실천을 지향하는 일련의 이상(理想)들, ③ 어떤 실천이 요구되고, 금지되고, 허용되는지 정의 내리는 일련의 원칙들을 포함하고 있다.

규범원리(The ideals)은 전문가들의 희망사항들을 반영하고 있다. 행동원칙(The principles)은 이 분야에서 직면하는 윤리적 딜레마들을 해결하는 과정에서 행동의 지침을 제시하고 현직교사들을 도와주기 위한 목적으로 만들어졌다. 각각의 이상마다 반드시 그에 부합되는 원칙이 존재하는 것은 아니다. 이상과 원칙은 모두 교사들이 책임과 관련하여 질문을 받을 경우 의사결정에 기초를 제공하게 될 문제들을 지향하게 하기 위한 목적으로 만들어졌다. 이 윤리강령이 몇몇 윤리적 딜레마들을 설명하기 위하여 구체적인 방향과 주장들을 제공하기는 하지만, 다른 많은 딜레마들은 현직교사들로 하여금 이 윤리강령의 지침들을 건전한 직업적 판단과 결합하도록 요구할 것이다.

이 윤리강령에 나오는 이상들과 원칙들은 우리 분야의 중심가치

에 대한 우리의 준수를 확인해 주는 직업적 책임에 대한 공통개념을 제시하고 있다. 이 윤리강령은 이 분야에 소속된 우리가 주장해 온 책임들을 공개적으로 인정함과 동시에 그렇게 함으로써 우리가 직무 중에 윤리적 행동을 취하도록 지원하고 있다. 윤리적 딜레마들에 직면한 현직교사들은 이 규칙의 적용 가능한 부분들과 윤리강령 전체에 흐르고 있는 정신으로부터 지침을 발견하도록 권장된다.

윤리적 딜레마들은 항상 존재한다.

때때로, 취해야 할 최상의 윤리적 행동양식에 대한 "정답"이 분명하지 않다. 하나의 상황을 처리하기 위한 분명하고 긍정적인 방식도 있지 않을 수 있다. 하나의 중요한 가치는 다른 중요한 가치와 상충할 수도 있다. (따라서) 우리가 "하나의 딜레마"에 처했을 경우에는 취해야 할 가장 윤리적인 행동양식을 찾는 과정에서 모든 관계당사자들과 협의해야 하는 것이 우리의 직업적 책임인 것이다.

제1장 유아들에 대한 윤리적 책임

아동기는 인생주기에 있어서 독특하고 중요한 하나의 단계이다. 우리의 중대한 책임은 유아들에게 안전하고 건전하고 반응적인 환경을 제공하는 것이다. 우리는 1) 유아들의 발달을 지원하고, 2) 개인 간의 차이를 존중하며, 3) 협동적으로 살고 일하는 방법을 배울 수 있도록 도와주고, 4) 건강, 자기인식, 능력, 자기가치 쾌활성을 증진시켜 주는 데 전념해야 한다.

규범원리(ideals)

1. 1. 유아들을 보호하고 교육하기 위한 기초지식을 숙지하고 계속적인 교육과 현직교육 훈련을 통하여 시대흐름에 뒤

떨어지지 않기

1. 2. 프로그램의 실천을 유아발달 및 관련 분야의 최신 지식과 각 유아에 대한 구체적인 지식에 기초하기
1. 3. 각 유아의 개성과 잠재력을 인식하고 존중하기
1. 4. 유아들이 특별히 상처받기 쉽다는 것을 이해하기
1. 5. 유아들의 사회적·정서적·인지적·신체적 발달을 촉진하고 그들의 존엄성과 기여도를 존중하는 안전하고 건강한 환경을 창조, 유지하기
1. 6. 각 유아가 각자의 이해관계에 일치하는 정도로까지 종합적인 유아기 프로그램에서 놀고 학습할 권리를 지원하기. 보다 큰 집단 속에서 결함을 지닌 성인들의 경우처럼 결함 있는 유아들은 만약 그들에게 결함이 없었다면 참여했을 환경과 똑같은 환경에서만이 이상적으로 지원받을 수 있다.
1. 7. 장애를 지닌 유아들이 적합하고 편리한 지원에 접근할 수 있도록 보장하고 모든 유아들에게 가장 적합한 환경을 제공하는 데 필요한 재료들을 지원하기

행동원칙

1. 1. 무엇보다도 우리는 유아들에게 상처를 주어서는 안 된다. 우리는 존중하기 힘들고, 열악하고, 위험하고, 착취적이고, 위협적이고, 정서적으로 해를 주고, 또는 유아들에게 신체적으로 해로운 실제에 참여해서는 안 된다. 이 원칙은 이 윤리강령에 나오는 다른 모든 원칙들보다 우선한다.
1. 2. 우리는 인종, 민족, 종교, 성별, 출신국가, 언어, 능력, 또는 부모의 지위, 행동, 신념 등에 기초하여 도움을 제공하지

않거나 특혜를 주거나 프로그램이나 활동에서 배제함으로써 유아들을 차별하는 실제에 참여해서는 안 된다. (이 원칙은 특수한 유아인구에게 도움을 제공하기 위하여 법적 정당성을 부여받은 프로그램들에게는 적용되지 않는다.)

1. 3. 우리는 관련 지식을 가진 모든 사람들(직원과 부모를 포함)을 유아에 관련된 결정과정에 참여시켜야 한다.

1. 4. 모든 유아들을 위해서 우리는 교수전략, 학습환경, 커리큘럼 등에 있어서 적용형태를 구체화하고, 가족과 상담하며, 그 프로그램을 통하여 유아의 잠재력을 극대화하기 위하여 적당한 전문가들로부터 조언을 구해야 한다.

1. 5. 우리는 신체적·성적·언어적·정서적 학대와 무시를 포함한 아동학대의 증상들을 숙지하고 있어야 한다. 우리는 아동을 학대와 무시로부터 보호하는 주법(州法)과 지역사회의 절차(community procedures)를 알고 준수해야 한다.

1. 6. 우리가 아동학대와 무시라고 의심할 만한 정당한 근거를 확보했을 경우, 우리는 그것을 적절한 지역사회 담당자에게 알리고 적절한 조치가 취해지는지 끝까지 확인해야 한다. 적절한 조치가 취해졌을 경우에는 부모 또는 보호자에게 책임이전이 이루어졌음을 알려야 한다.

1. 7. 다른 사람이 우리에게 어떤 유아가 학대당하거나 무시당하고 있다는 의혹을 알려줄 경우, 우리는 그 사람이 유아를 보호하기 위하여 적절한 조치를 취하도록 도와주어야 한다.

1. 8. 유아를 보호하는 담당기관이 학대당하거나 무시당하는 유아에게 적절한 보호조치를 제공하는 데 실패했을 경우, 우리는 집단적인 윤리적 책임을 인정하고 이러한 지원을 향

상시키려고 노력해야 한다.

1. 9. 우리가 유아들의 건강 또는 안전을 위협하는 실제 또는 상황을 인식하게 되었으나 과거에는 이러한 사실이 알려져 있지 않았을 경우, 우리는 윤리적 책임을 가지고서 그러한 상황을 치유할 수 있고 유사한 위협으로부터 유아들을 보호할 수 있는 사람들에게 이 사실을 알려주어야 한다.

제2장 가정에 대한 윤리적 책임

가정은 유아들의 발달에 있어서 커다란 의미를 지닌다(가정이라는 용어는 부모뿐만 아니라 유아에 관하여 책임을 담당하는 모든 사람들을 포함하는 개념이다.). 가정과 유아들을 담당하는 전문가들은 유아의 복지에 관하여 공통적인 이해관계를 가지고 있기 때문에 우리는 유아의 발달을 강화하는 방향으로 가정과 학교의 협조를 이룩해야 하는 중요한 책임을 인정해야 한다.

규범원리

2. 1. 우리가 지원하는 가정들과의 상호신뢰관계를 발전시켜나가기

2. 2. 유아를 양육하는 가정의 역할을 지원함으로써 그 힘과 능력을 인정하고 길러주기

2. 3. 각각의 가정의 존엄성과 그 문화, 언어, 관습, 신념 등을 존중하기

2. 4. 가정이 갖는 유아양육의 가치와 자신의 유아들에 대한 의사결정을 할 권리를 존중하기

2. 5. 각 유아의 성장(progress)을 발달적인 시각의 체계 내에서 부모들에게 이해시키고 가정이 발달적으로 적합한 실제의

가치를 이해하고 인식하도록 도와주기

2. 6. 가정의 구성원들이 유아들에 대한 이해를 높이도록 도와주고 부모로서 필요한 기술들을 길러주기
2. 7. 가정들에게 프로그램 직원, 다른 가정들, 지역사회 자원들(resources), 전문적인 지원기관들과 교류할 수 있는 기회를 제공함으로써 지원하기 위한 네트워크에 참여하기

행동원칙

2. 1. 우리는 가정의 구성원들이 그들의 유아가 속한 학급 또는 프로그램 환경을 살펴볼 권리를 거부하지 않아야 한다.
2. 2. 우리는 가정들에게 프로그램의 사상, 정책, 그 담당자의 자격사항을 알려주고 우리가 왜 현재와 같이 교육하고 있는지, 어떤 것이 유아에 대한 우리의 윤리적 책임과 조화되는 것인지 설명해 주어야 한다.
2. 3. 우리는 가정들에게 적절한 시기를 알려주고 그들을 정책 결정에 참여시켜야 한다.
2. 4. 우리는 가정들을 그들의 자녀에게 영향을 주는 중대한 의사결정에 참여시켜야 한다.
2. 5. 우리는 가정에게 그들의 자녀에게 발생한 사건들과, 감염의 결과를 초래할 수 있는 유행성 질병에 대한 노출과 같은 위험, 그리고 감정적 스트레스를 초래할 수 있는 사건들에 대해서 알려주어야 한다.
2. 6. 유아들에 대한 보육과 교육의 수준을 향상시키기 위해서 우리는 자격 있는 유아발달 연구자들과 협조해야 한다. 자녀들을 참여시키도록 제안받은 연구계획들에 대해서 해당 가정들에게 완벽하게 설명해야 하며, 불이익을 당함 없이

동의하거나 거절할 기회를 갖도록 한다. 우리는 어떤 방식으로든 유아들의 교육, 발달, 복지 등을 저해할 수 있는 연구에 참여하거나 이를 허용해서는 안 된다.

2. 7. 우리는 가정들의 착취를 지원하거나 일조해서는 안 된다. 우리는 가정과 우리의 관계를 개인적인 이익이나 사욕을 위해 이용해서는 안 되며, 유아들과의 관계에서 우리의 효율성을 손상시킬 수 있는 가정 구성원들과의 관계를 형성해서는 안 된다.

2. 8. 우리는 유아들에 관한 기록의 비밀 보호와 공개를 위해서 글로 된 정책을 개발해야 한다. 이러한 정책문서들은 모든 프로그램의 담당자와 가정들에게 유용하도록 만들어져야 한다. 가족들, 프로그램 담당자, 비밀유지의무를 지닌 상담자 이외의 사람들에게 유아들에 관한 기록의 공개는 가정의 동의가 있어야 한다. (단, 학대나 무시의 경우에는 예외이다.)

2. 9. 우리는 비밀을 유지하고 가정의 프라이버시권을 존중해야 하므로 비밀정보의 공개나 가정생활에의 관여를 삼가야 한다. 그러나 우리가 유아의 복지가 위험에 직면했다고 믿을 만한 근거나 있는 경우에는 비밀정보를 유아의 이해관계에 관여할 수 있는 기관들이나 개인들과 공유하는 것이 허용된다.

2. 10. 가족들이 불화상태에 있는 경우, 우리는 공개적으로 직무를 수행해야 한다. 즉, 유아에 대한 우리의 관찰을 공유하고, 모든 관계당사자들로 하여금 정보를 얻은 상태에서 의사결정을 할 수 있도록 도와주어야 한다. 우리는 일방적으로 한 편을 지지하는 것을 삼가야 한다.

2. 11. 우리는 가정을 도와주는 지역사회 기관들과 전문 지원기

관들에 대하여 숙지하고 이를 적절히 활용해야 한다. 책임이전이 이루어진 후에도 우리는 도움이 적절하게 제공되었는지 끝까지 확인해야 한다.

제3장 동료에 대한 윤리적 책임

보육에 관한 협동적인 직무환경에서 인간의 존엄성은 존중되고, 직업에 관한 만족도는 향상되어야 하며, 긍정적인 관계가 형성되어야 한다. 우리의 중심가치에 근거해 볼 때 이 활동 영역에서의 우리의 중요한 책임은 생산적인 직무수행을 지원하고 직업적 요구사항들을 충족시킬 수 있는 환경과 관계를 형성하고 유지하는 것이다. 유아에게 적용되는 것과 같은 이상들이 성인들에 대한 우리들의 책임에도 내재되어 있다.

A. 동료에 대한 책임

규범원리

3A. 1. 동료와 존경, 신뢰, 협동의 관계를 수립, 유지하기

3A. 2. 동료와 자료와 정보를 공유하기

3A. 3. 동료들이 그들의 직업적 요구조건을 달성하고 직업적 발달을 이루도록 지원하기

3A. 4. 동료들의 직업적 성취도에 대한 정당한 인정하기

행동원칙

3A. 1. 우리는 한 동료의 직업적 행동에 관하여 관심을 갖게 되었을 경우, 먼저 그 사람에게 개인의 존엄성과 여러 교직원들 중에서 발견되는 다양성을 존중함을 보이면서 자신의 관심을 알리고, 그 후 협동적으로 그 문제를 해결하려고 시도해야 한다.

3A. 2. 우리는 동료들의 개인적 성향 또는 직업적 행동에 관하여 의견을 표현할 때 주의를 기울여야만 한다. 진술내용은 일차적으로 지식에 기초해서 유아와 프로그램의 이익에 관련 있는 것이어야 한다.

B. 고용인에 대한 책임

규범원리

3B. 1. 최고수준의 서비스를 제공하는 과정에서 프로그램을 지원하기

3B. 2. 만약 그것이 유아들과 이 규칙의 조항들을 보호하도록 만들어진 법과 규정을 위반하는 것이 아니라면 우리가 운영하는 프로그램의 평판에 해를 끼치는 어떤 일도 하지 않기

행동원칙

3B. 1. 우리가 프로그램의 정책에 동의하지 못할 경우 우리는 먼저 조직 내의 건설적인 행동을 통하여 변화를 주려고 시도해야 한다.

3B. 2. 우리는 오직 허가(위임)받은 경우에 한해서만 조직을 대표해서 말하거나 행동해야 한다. 우리는 조직을 위해 발언하는 경우와 개인적인 판단을 말하는 경우를 분명히 밝히는 데 주의를 기울여야 한다.

3B. 3. 우리는 유아들을 보호하기 위해 만들어진 법 또는 규정을 위반해서는 안 되며, 만일 그러한 위반을 인식했을 경우에는 이 윤리강령에 일치하는 적절한 조치를 취해야만 한다.

C. 피고용인에 대한 책임

규범원리

3C. 1. 교직원들 사이에 상호존중, 능력, 복지, 긍정적인 자기평가를 촉진시킬 수 있는 정책과 직무환경을 발전시켜 나가기

3C. 2. 교직원(staff)들이 아동들, 가정들, 유아들의 보육과 교육의 분야에 최대의 도움을 주기 위하여 말하고 행동할 수 있도록 신뢰와 성실의 분위기를 창조하기

3C. 3. 유아들을 위해 또는 유아들을 상대로 일하는 사람들에게 적정한 보상(급여와 이익)을 확보해 주기 위해 노력하기

행동원칙

3C. 1. 유아와 프로그램에 관련된 의사결정에 있어서 우리는 교직원들의 교육수준, 훈련 정도, 경험, 전문지식을 적절히 활용해야 한다.

3C. 2. 우리는 교직원들에게 그들이 자신의 책임들, 시기적절하고 비위협적인 평가절차, 서면으로 부당한 처사를 제기하는 절차, 건설적인 (불편사항에 대한) 응답, 직업적인 발전과 진보를 지속할 수 있는 기회 등을 추진하는 것이 가능한 안전하고 지원적인 직무환경을 제공해야 한다.

3C. 3. 우리는 프로그램의 기준을 정의하고 직무장소 밖에서의 글들의 행동에 대해 책임져야 하는 수준을 구체화할 수 있는 합리적인 서면인사정책을 발전시키고 유지해야 한다. 이러한 정책들은 신규 교직원들에게 제시하고 모든 교직원들이 반복해서 보도록 해야 할 것이다.

3C. 4. 프로그램의 기준을 만족시키지 못하는 피고용인들에게는 관심영역에 대하여 알려주고 그들의 행동을 개선할 수 있도록 지원해야 한다.

3C. 5. 해고된 피고용인들에게는 그 이유를 알려주어야 한다. 해고의 근거는 그 정당성이 정확하게 서류로 기록되고, 최근에 발생한 것이고, 당사자가 직접 확인할 수 있는 부적절하거나 부적당한 행동이 원인이어야 한다.

3C. 6. 평가하고 조언하는 과정에서 판단은 사실에 기초한 것이어야 하며 유아들과 프로그램의 이익을 위한 것이어야 한다.

3C. 7. 고용과 승진은 오로지 개인이 자신의 직위에 따른 책임을 수행한 실적과 능력을 기록한 것에 근거해야 한다.

3C. 8. 고용, 승진, 훈련준비에 있어서 우리는 인종, 민족, 종교, 성별, 출신국가, 문화, 장애, 연령, 성적 호감 등에 따른 어떠한 종류의 차별도 해서는 안 된다. 우리는 고용차별과 관련 있는 법과 규정을 숙지하고 준수해야 한다.

제4장 지역사회와 공동체(Society)에 대한 윤리적 책임

유아들에 관한 프로그램들은 가정들과 유아의 복지를 담당하는 기타 기관들로 구성된 근접지역이라는 상황 내에서 운영된다. 지역사회에 대한 우리의 책임은 지역사회의 요구조건을 만족시키는 프로그램을 제공하고, 유아들에 대한 책임을 나누는 기관들과 전문가들과 협조하며, 현재 실시되고 있지는 않지만 필요한 프로그램들을 개발하는 것이다. 더 큰 사회는 유아들의 복지와 보호에 관해 그만큼의 책임을 요구할 뿐 아니라 유아의 발달에 관한 우리의 전문화된 지식 때문에 우리는 어떠한 경우에든지 유아들을 위한 대변인으로서의 역할을 수행할 의무를 받아들여야 한다.

규범원리

4. 1. 지역에 높은 수준의 (연령과 개인에 따라 적절하고, 문화적·사회적으

로 건전한) 교육/보육 프로그램과 지원을 제공하기

4. 2. 유아들, 그들의 가정, 그들의 교사 등의 복지를 담당하는 기관들 간의 협조관계와 전문가들 간의 학문분야를 초월한 협조관계를 증진시키기

4. 3. 교육, 연구, 지원을 통하여 모든 유아들이 적절한 건강관리, 음식, 안식처 등을 얻고, 양육되며 폭력없이 생활할 수 있는, 환경적으로 안전한 세상을 만드는 방향으로 직무를 수행하기

4. 4. 교육, 연구, 지원을 통하여 모든 유아들이 높은 수준의 교육/보육 프로그램들에 접근할 수 있는 사회를 만드는 방향으로 직무를 수행하기

4. 5. 유아들과 그들의 요구사항에 대한 지식과 이해를 증진시키기. 유아들의 권리에 대한 사회적 인식을 확대시키고 그들의 복지에 대한 책임을 사회적으로 수용하는 분위기를 확산시키는 방향으로 직무를 수행하기

4. 6. 유아와 가정의 복지를 증진시키는 정책과 법을 지지하고, 그들의 복지에 해를 주는 것들에 대해서는 반대하기. 필요한 정책과 법을 개발하는 데 참여하고 이러한 목적을 위해서는 다른 개인 또는 집단과 협조하기

4. 7. 유아들에 대한 보육과 교육의 분야를 보다 전문적으로 발전시키고 이 윤리강령에 반영되어 있는 중심가치들에 대한 이해를 강화시키기

행동원칙

4. 1. 우리는 우리가 제공하는 서비스의 특성과 수준에 관하여 공개적으로 그리고 진실된 의견을 교환해야 한다.

4. 2. 우리는 개인적으로 적합하지 않고 전문적인 자격에 넘치는 직위를 받아들이거나 계속 일해서는 안 된다. 우리는 우리가 제공하기에는 능력, 자격, 자료가 부족한 서비스를 제공해서는 안 된다.

4. 3. 우리는 우리의 프로그램 실제에 기초가 되는 지식을 알림에 있어서 객관적이고 정확해야 한다.

4. 4. 우리는 유아와 그 가정을 대상으로 일하는 다른 전문가들과 협동해야 한다.

4. 5. 우리는 능력, 자격, 성격이 직위에 적합하지 않은 사람을 고용하거나 고용추천으로 해서는 안 된다.

4. 6. 우리는 비공식적인 해결책이 효과가 없을 경우, 동료의 비윤리적 또는 능력결함적 행동을 상급자에게 보고해야 한다.

4. 7. 우리는 우리의 프로그램 내의 유아들을 보호하기 위한 법과 규정을 숙지하고 있어야 한다.

4. 8. 우리는 우리의 프로그램 내의 유아들을 보호하기 위한 법과 규정에 위반되는 실제에 참여해서는 안 된다.

4. 9. 우리는 유아들에 관한 프로그램이 유아들을 보호하는 법과 규정에 위배된다는 증거를 확보한 경우 그 프로그램의 책임자에게 그 사실을 알려주어야 한다. 만약(법과 규정에 대한) 준수가 적절한 시간 내에 이루어지지 않는다면 그 상황을 개선할 것으로 예상되는 적절한 관계당국에 그 위반 사실을 알려야 할 것이다.

4. 10. 우리는 유아, 가정, 교사에 대한 지원을 담당한 기관 또는 전문가가 의무를 다하지 못하고 있다는 증거를 확보한 경우 그 문제를 적절한 관계당국 또는 일반대중에게

알려야 할 집단적인 윤리적 책임이 있음을 인식해야 한다.

4. 11. 어떤 프로그램이 이 윤리강령을 위반하거나 그 피고용인들에게 위반할 것을 요구하는 경우에는 그 증거를 공정하게 조사하여 그 프로그램의 존재를 없애는 것도 가능할 것이다.

선서문(Statement of Commitment)

유아들을 담당하는 개인으로서 나는 NAEYC의 윤리강령에 반영되어 있는대로 유아들의 교육에 대한 가치를 향상시키는 데 전념하겠습니다.

내 능력을 최대한 발휘해서 나는

- 유아들에 관한 프로그램이 유아발달과 유아에 대한 교육의 최신 지식에 기초하도록 보장한다.
- 유아들을 양육하는 가정의 임무를 존중하고 지원한다.
- 유아들을 교육하는 동료들을 존중하고 그들이 NAEYC의 윤리강령을 준수할 수 있도록 지원한다.
- 지역사회와 공동체 내에서 유아, 가정, 교사의 대변자로서 역할을 다한다.
- 직업적 행동의 높은 기준을 유지한다.
- 개인의 가치, 의견, 편견이 전문적 판단에 얼마나 영향을 미칠 수 있는지 인식한다.
- 새로운 사상에 개방적인 자세를 취하고 다른 사람들의 주장으로부터 배울 것은 기꺼이 배운다.
- 전문가로서 끊임없이 배우고, 성장하며, 기여한다.
- NAEYC의 윤리강령의 이상들과 원칙들을 존중한다.

참고문헌

강은진(2016). "안심보육 환경 조성을 위한 보육교사 인성교육의 개선 방향." **육아정책포럼** 48. pp.18-26.

경제 인문사회 연구회 편(2016). 안심보육 환경 조성을 위한 보육교사 인성교육 프로그램 개발 및 지원 방안 [전자자료] / 경제・인문사회연구회.

김은영(2012). 교사양성과정 내실화를 위한 유치원과 어린이집 일과운영 및 교사의 직무분석. 서울: 육아정책연구소.

김이정(2013). 보육교사가 지각한 조직 내 의사소통과 조직문화가 교사의 직무만족도에 미치는 영향. 건국대학교 교육대학원 석사학위논문.

김혜경(2012). 보육시설장의 운영관리에 따른 교직원과의 갈등 인식에 관한 연구 : 민간보육시설장을 중심으로. 청주대학교 대학원 석사학위논문.

동경대학 출판부(1995). **시리즈 배움과 문화1, 배움에의 권유**. p. 36.

듀이(1998). **학교와 사회, 아동과 커리큐럼.** 서울: 고단사 학술문고.

룻소 저, 민희식 역(2006). **에밀**. 서울: 육문사.

마르틴 부버. 김천배 역(2000). **나와 너**. 서울: 기독교서회.

박영태, 이경남, 하수연(2008). 유아교사의 교사효능감과 직무만족도 및 창의적 인성의 관계. **미래유아교육학회**. Vol. 16. No 1.

박정빈, 권경숙, 황은희(2016). 초임교사 채용에 대한 어린이집 원장들의 담론, **유아교육연구**, VOL. 36. No. 6 p. 10.

반두라 저, 후쿠시마 수미타 역(1975). **모델링의 심리학- 관찰학습의 방법.** 서울: 금자서방.

보건복지부(2016). **보육사업안내**.

보건복지부(2016). **아동학대 주요통계**.

보건복지부(2018). 중앙아동보호전문기관, 2017. 2016년 전국아동학대현황보고서.

서울시 육아종합지원센터 홈페이지. http://childcare.go.kr/

서현, 임지윤, 박미자(2013). 유아교사의 바람직한 인성에 대한 예비유아교사와 현직유아교사의 인식비교. **한국영유아보육학회**. Vol. 77. No. 1.

송석재(2006). **반두라의 자기조절의 도덕교육.** 경기: 한국학술정보.

여성가족부 홈페이지. http://www.moge.go.kr

연세대학교 교육철학 연구회 편(2001). **위대한 교육사상가들Ⅱ.** 서울: 교육과학사.

우영효(2015). **쉽게 풀어 쓴 인성교육과 직업윤리**. 서울: 동문사.

육아정책개발센터 홈페이지. http://www.kicce.re.kr

윤혜경(2016). **보육실습워크북.** 서울: 동문사.

참고문헌

윤혜경(2018). **보육학개론.** 서울: 동문사.

이경숙 역(2005). **존 볼비와 애착이론.** 서울: 학지사.

이삼식(2012). **외국의 보육 양육정책: 스웨덴 사례를 중심으로.** 한국보건사회연구원.

이숙종(2006). **코메니우스의 교육사상,** 서울: 교육과학사.

중앙육아종합지원센터 홈페이지. http://central.childcare.go.kr

최문자(1973). Pestalozzi와 Herbart의 敎育思想에 關한 硏究. 국내석사학위논문 建國大學校, 서울.

최양미(2014). **유아교육이론. 듀이, 몬테소리, 에릭슨, 피아제, 비고츠키 입문서.** 서울: 학지사.

프레이리 저, 교육문화연구회 역(2000). **프레이리의 교사론.** 아침이슬출판사. pp.112-115.

프뢰벨 저, 정명근 역(2009). **인간의 교육.** 서울: 암파서점.

한국보육진흥원(2015). **어린이집 평가인증 안내: 40인 이상 어린이집.** 보건복지부.

황정숙 역(2013). **존 듀이 교육론.** 서울: 씨아이알.

Jeremy Holmes 저, 이경숙 역(2005). **존 볼비와 애착이론.** 서울: 학지사.

Bandura(1971). *Psychological Modeling: Conflict Theories*. Chicago, Adline Atherton.

Bandura, A.(1977). Self-Efficacy: Toward a unifying theory of behavioral change, *Pychological Review,* 84, 191-215.

Barbara Isaacs(2012). *Learning and teaching in Montessori Nurseries Adapted from Understanding the Montessori Approach* by pulished by Routledge.

Bawlby, J.(1969, 1982). *Attachment and loss*. Vol. 1. Attachment. New York: Basic Books.

Benner, P.(1982). From novice to expert. *American Journal of Nursing,* 82(3), 402-407.

Dewey, J.(2010). *The School & Society*. Martino Fine Books. Reporting of 1900 Edition.

Mcmillan, M.(1904). *Education Through Imagination.*, London: Swan Sonnenschein pp. 195-196.

Stephanie Feeney, Eva Moravcik, Sherry Nolte(2012). *Who Am I in the*

Lives of Children? An Introduction to Early Childhood Education(9th Edition, January 16, 2012).

Van Manen, M.(1992). Originally published as Reflectivity and the Pedagogical Moment: The Normativity of Pedagogical Thinking and Acting. *The Journal of Curriculum Studies*. 1992. Vol. 23, No. 6. pp. 507-536.

Van Manen, M.(2007.) *Reflectivity and the pedagogical moment: The practical-ethical nature of pedagogical thinking and acting* In: Ian Westbury and Geoff Milburn (editors).

大場幸夫(2007).『子供の側に存在するものの意味』, 明文書林. p. 173.

厚生労動省雇用均等·児童家庭局(2006).『保育所檢討資料』.

広岡義之(2013).『新しい保育幼児教育方法』ミネルヴァ書房.

米山岳廣, 由田 新(2013).『保育学の展望』, 博文社.

小田 豊, 神長美律子, 森 眞理 共編著(2003),『保育原理』, 光生館.

日本保育學會(2016).『保育學講座3』, 東京大學出版部.

網野武博, 迫田圭子(2012).『保育所運營マニュアル』。. 中央法規.

マクェンド、C.E/望田幸夫監訳(1993). 近代 ドイツの 専門職-官吏, 辯護士, 義師, 聖職者, 教師, 技術者. 양洋書房.

日本 全國保育團體聯合會・保育研究會 編(2008).『保育年報』.

金玟志(2009). 新人保育者による省察の意味と變容お支える支援のあり方ー保育實踐後の保育者間の話し合い(對話)の中から。『保育學研究』, 47(1). 66-78.

白川蓉子, 北野幸子, 奥山登美子, 稱壇由子(2004).『育ちあ乳幼兒教育保育』. 有斐閣.

無藤隆 安藤智子(2008).『子育て支援の心理学』. 有斐閣コンパクト.

柏木恵子(2008).『子どもが育つ条件』岩波新書.

全国保育団体連絡会(2007).『保育百書』保育研究所編. ひとなる書房.

佐藤哲也 編.『保育者論』, 改訂版(2018). 福村出判.

花沢成一(1992).『母性心理学』医学書院.

厚生労動省雇用均等·児童家庭局(2006).『保育所檢討資料』.

桜井慶一(2006).『保育制度改革の諸問題』新読書社.

お宮勇雄(2006).『保育の質を高める』ひとなる書房.

網野武博, 迫田圭子(2012).『保育所運營 マニュアル』, 中央法規.

i-子育てネット http://www.i-kosodate.net

全国保育師養成協議会 http://www.hoyokyo.or.jp

찾아보기

찾아보기

저자소개

■ 윤혜경

서울대학교 가정대학 가정관리학과 졸업(학사)
숙명여자대학교 아동복지학과 석사·박사(아동복지 전공)
현 경민대학교 아동보육과 교수

〈저서〉

보육학개론 3판(2021, 동문사)
부모교육의 이론과 실제 개정판(2020, 동문사)
보육실습 워크북(2016, 동문사)
보육실습일지(2016, 동문사)
함께 키우는 신육아론(2008, 학지사)
유아사회교육의 이론과 실제(2003, 공저, 창지사)
영유아발달의 이론과 실제(2001, 공저, 동문사) 외 다수

보육교사론

초판 인쇄 / 2021년 8월 20일
초판 발행 / 2021년 8월 25일

저 자 / 윤 혜 경
발행인 / 이 중 수
발행처 / **동 문 사**

서울특별시 서대문구 홍제원 1길 12
(홍제동 137-8)
Tel: 02)736-3718(대), 736-3710, 3720
Fax: 02)736-3719
등록번호: 제9-17호
가격: 18,000원

ISBN: 979-11-6328-308-9(93370)
E-mail: dong736@naver.com
www.dongmunsa.com